Andreas Koch

Das kommt von oben, da können wir nichts machen!

Andreas Koch

Das kommt von oben, da können wir nichts machen!

Biografie

© 2022 Andreas Koch

1. Auflage

Umschlaggestaltung: Andreas Koch, Marina Rudolph
Lektorat, Korrektorat: Renate Jung
Satz: Andreas Paschko
Verlag & Druck: tredition GmbH, Halenreie 40-44, 22359 Hamburg

ISBN:
Softcover   978-3-347-69029-5
Hardcover   978-3-347-69030-1

Bibliografische Information der Deutschen Nationalbibliothek:
Die Deutsche Nationalbibliothek verzeichnet diese Publikation
in der Deutschen Nationalbibliografie; detaillierte bibliografische Daten
sind im Internet über http://dnb.dnb.de abrufbar.

Diese Biografie wurde aus der eigenen Erinnerung geschrieben.
Die Namen der handelnden Personen wurden zum Teil geändert.
Die in wörtlicher Rede geschriebenen Gespräche wurden inhaltlich aus meiner Erinnerung und nicht wortgetreu wiedergegeben.

Inhaltsverzeichnis

- I -

Achillesferse - Fußball ist geil!

Geschafft, das Spiel ist aus. Wir haben 1:0 gewonnen. Eigentlich ein Grund zur Freude, doch ich liege noch lange nach Abpfiff im Mittelkreis des Sportplatzes und erfreue mich nicht bester Gesundheit. Der merkwürdige Knubbel in meiner rechten Wade, gleich oberhalb der Ferse, deutet wohl darauf hin, dass sich soeben meine Achillessehne verabschiedet hat. Meine Mitspieler stehen neben mir und denken, ich will sie verarschen, als ich ihnen trotz Schmerzen ruhig meine Selbstdiagnose mitteile.

Naja, da hatte ich schließlich beim Fußball schon ganz andere Schmerzen ertragen. Das gehört zu diesem Sport eben dazu. Nie werde ich vergessen, wie mir mit Anfang zwanzig die Kniescheibe herausgesprungen war und ich das Teil vor lauter Schreck im Affekt wieder an die rechte Stelle gedrückt hatte. Das waren Schmerzen, die ich nie vergessen werde, von denen ich sogar heute noch manchmal träume und dann schweißgebadet aufwache.

Heute bin ich 40 und es hatte also doch noch die größte Sehne an meinem Körper erwischt. Der Körper verzeiht halt inzwischen immer weniger. Eigentlich hatte ich meine Fußballschuhe bereits an den Nagel gehängt, aber ich hatte mich mal wieder breitschlagen lassen, in der zweiten Mannschaft auszuhelfen. Das tat ich letztlich auch gerne. Fußballspielen ist einfach geil, und bis kurz vor Ende des Spiels lagen wir sogar in Führung, auch wenn ich zuvor das 2:0 auf dem Fuß kläglich vergeben hatte. Naja, was soll's, ich war halt noch nie ein Stürmer. Für mich gab es beim Fußball immer nur eins: kämpfen bis zum Umfallen.

Mit diesem Glaubensbekenntnis war ich sicher auch immer ein unbequemer Gegenspieler, der sich für nichts zu schade war. Trotzdem durfte ich heute ausnahmsweise mal im Sturm ran, was mir bei meiner körperlichen Fitness auch ganz recht war. Das bedeute für mich ab dem Anpfiff Gas geben und gewinnen, und dafür mussten wie immer alle Register gezogen werden. In der Schlussminute wollte ich schließlich noch einem Ball, den Jannis hinten rausgeschlagen hatte, entgegengehen und festmachen. Bis zum Ball kam ich nicht mehr. Abpfiff! Aber schön wäre es gewesen.

Nun lag ich dort im Mittelkreis, alle Gesichter der Mitspieler über mir, und ein jeder redete auf mich ein. Jannis rief unserem Trainer zu: »Hey, ruf mal einen Krankenwagen!« Ich erwiderte sofort: »Keinen Krankenwagen. Ich fahre auf keinen Fall ins Krankenhaus. Hol erst mal eine Trage und bring mich hier runter.« Vom Spielfeldrand rief ich meinen Vater an und erzählte ihm vom Malheur. Während ich alles schilderte, er mir zuhörte und die Leitung knackte, konnte ich mir die Begeisterung schon bildlich ausmalen, die sich in dem Moment sicherlich in seinem Gesicht breitmachte. Er versprach mir, mich abzuholen, und als er vorfuhr, hatte er tatsächlich genau diesen Gesichtsausdruck aufgelegt, den ich mir noch eben so lebhaft an ihm vorgestellt hatte. Seine einzigen Worte: »Gut, dass das deine Mutter nicht mehr miterleben muss.«

Ja, da hatte er recht. Wie oft hatte meine Mutter versucht, mich vom Fußballspielen abzubringen, wie viele ähnliche Situationen hatte sie innerhalb meiner bereits einige Jahrzehnte andauernden »Karriere« noch miterlebt. Ich war einfach zu oft schwer verletzt, aber ohne Fußball geht es auch nicht. Fußball ist nun mal geil, und die Verletzungen sind der Einsatz bei diesem Spiel.

»Papa, deine Sprüche bringen mich jetzt auch nicht weiter. Ich glaube, meine Achillessehne ist durch. Ruf Doc Baum an und frag, ob er sich das mal ansehen kann.«

Es war zwar Sonntag und Dr. Baum nicht mein Hausarzt, aber er wohnte in der Nachbarschaft von Paddys Restaurant und war selbst im Sportverein engagiert. Der stimmte zu, wir machten uns auf den Weg und waren kurze Zeit später an seinem Haus, wo er auf uns wartete. Seine Diagnose nach kurzem Thompson-Test war eindeutig: »Andreas, das sieht nicht gut aus, die Sehne ist durch. Ich bandagiere dir das, und dann fährst du morgen in die Klinik. Den Fuß nicht belasten und möglichst in einer Spitzfußstellung halten.«

Ich dachte nur: Na, das hast du wieder toll hinbekommen. Die Diagnose bestätigte sich in der darauffolgenden Woche. Ich hatte mal wieder Glück im Unglück. Der Riss musste immerhin nicht operiert werden. Dafür durfte ich die nächsten Wochen bzw. Monate eine Orthese tragen und fand mich auf dem Sofa wieder. Das war für mich als Zappelphilipp natürlich genau mein Ding. Meine Stimmung war im Keller.

Es war ein Glück, dass immerhin meine Lebensgefährtin Paddy, der ich nun nicht mehr wie gewohnt bei unserer Gaststätte, dem Kiosk oder am Food-Truck helfen konnte, gut mit der ganzen Situation umging. Sie ist eben eine echte Powerfrau, die nichts so schnell aus der Ruhe bringt und die auch die widrigsten Umstände, die in der Gastronomie immer wieder auftauchen, zuverlässig und gewissenhaft meistert. Das ist ein Zeichen dafür, dass sie den eigenen Beruf versteht und, was noch wichtiger ist, ihn lebt und liebt.

Auch wenn Paddy gut mit der Situation zurechtkam und meine Aufgaben eher in der Organisation lagen als in der betrieblichen Unterstützung selbst, wusste ich, dass meine beiden Hände in den kommenden Monaten dennoch fehlen würden. In der Gastronomie ist eben alles immer auf Kante genäht. So hatten wir beide während dieser Monate unser eigenes Kreuz auf unterschiedliche Weise zu tragen: Sie, indem sie die Läden alleine schmeißen musste, ich, der seinem Wesen widersprechend auf dem Sofa ausharren musste.

Nun lag ich hier auf dem Sofa und blies Trübsal. Die Schmerzen waren auszuhalten, nur nachts war es unangenehm, mit dem orthopädischen Stiefel auf der Seite zu liegen. Aber das war wohl alles Meckern auf hohem Niveau, und wie sagte mein Kumpel Rüdiger immer so schön: »Dafür leben wir.« Leider ist Rüdiger, kurz bevor ich dieses Buch anfing zu schreiben, von uns gegangen. Er war ein Unikat und jemand, den ich deshalb mochte, weil er einem direkt sagte, wenn er mit einem ein Problem hatte. Diese klare Kante mochte ich an ihm besonders, und was das anging, waren wir uns sehr ähnlich.

Andererseits kam mir die Verletzung in gewisser Weise auch ganz gelegen. Sie gab mir Zeit, in aller Ruhe über mein Leben und die vergangene Zeit außerhalb der Hektik der beruflichen Verpflichtungen nachzudenken. Die letzten Jahre bei der Polizei hatten mich ziemlich aufgerieben. Wenn ich zurückdenke, war ich einmal gerne Polizist gewesen, aber diese Zeiten und dieses Gefühl scheinen momentan sehr fern.

Die Polizei hat sich zu stark verändert. Hm, vielleicht habe ich mich auch verändert? Nein, meinen Grundprinzipien - bedingungslose Ehrlichkeit und ausgeprägter Gerechtigkeitssinn - bin ich bis heute treu geblieben, und genau dies führte in den letzten neun Jahren immer wieder zu Problemen. Wie oft musste ich in dieser Zeit den Satz hören: »Das kommt von oben, da können wir nichts machen.«

Wenn ich den Satz einmal nicht von meinem Gegenüber hörte, erwischte ich mich manches Mal dabei, meine eigenen Grübeleien mit diesem Totschlagargument zu beantworten. Diese Floskel zieht sich wie ein roter Faden durch einen großen Teil meines Lebens und verfolgt mich bis heute, ist sie mir doch schon von klein auf in Gestalt meines Vaters begegnet, der ebenso Polizeibeamter war; auch einer von der ganz gründlichen und korrekten Sorte.

Es ist faszinierend, wie ich viele Sachen erst bemerke und klarsehe, seit äußere Umstände mich kurzzeitig ein wenig aus der ewigen Tretmühle herausgenommen haben. Es lässt mich vieles in einem anderen Licht sehen, es lässt mich darüber nachdenken, wie ich an diesen Punkt kommen konnte. Ende 2016 hatte ich einen guten Kontakt zu meinem Kollegen Sebastian, was sich später jedoch als eine grobe Fehleinschätzung meinerseits herausstellen sollte.

Sebastian war im Ermittlungsdienst auf derselben Dienststelle wie ich tätig, war verheiratet und hatte ein Kind. Äußerlich war er nicht der Typ Polizeibeamter aus dem Bilderbuch. Er war in die Jahre gekommen, leger und sportlich gekleidet und trug meistens einen Dreitagebart. Neben unserem Beruf verband uns auch die Gastronomie, in der wir beide neben unserer Beamtentätigkeit tätig waren. Wie bei so vielen Kollegen und Kolleginnen hatte er auch diese eine Charaktereigenschaft, die womöglich auch sinnbildlich für die ganze Gesellschaft, aber eben besonders für die Kollegen aus dem Dienst steht: Geiz ist geil!

Auch das kannte ich schon von meinem Vater, auch das war mir also schon seit frühster Jugend vertraut. Bei ihm schien es mir jedoch immer mehr wie eine wohldosierte Sparsamkeit, mit dem Ziel, sich eines Tages etwas leisten zu können, weniger dogmatische Pfennigfuchserei. Leider brachte ich diese Eigenschaft nicht zur Polizei mit und eignete sie mir auch nicht an. Bei Sebastian war es etwas Anderes, auch wenn es schwer zu sagen war, ob diese »Tugend« auf Egoismus oder Neid fußte. Er war ja zum Glück nur Kollege. Wie heißt es so schön: Freunde kann man sich aussuchen, Kollegen nicht.

Ich habe viele Kumpels, aber nur wenige enge Freunde. Kumpels sind für mich Menschen, mit denen ich gut auskomme und auch gerne Zeit verbringe, aber gleichzeitig nicht immer etwas unternehmen muss. Freunde hingegen sind die Leute, an die ich mich mit meinen Problemen im Vertrauen wenden kann. Sie sind rar gesät, und besonders in meiner Kindheit hätte ich mir mehr von ihnen gewünscht, aber wegen meiner quirligen Veranlagung hatte ich im Klassenverband keinen leichten Stand.

Manche meiner Freunde begleiten mich nun schon seit vielen Jahren, manch andere haben mit den unterschiedlichen Lebenssituationen gewechselt. Mit vielen von ihnen wurde ich gemeinsam groß, verlor sie zum Teil aus den Augen, einige traf ich wieder und entdeckte sie neu, nachdem ich nach fast zehn Jahren Abwesenheit in meinen Heimatort zurückgezogen war. Den Kontakt hatte ich nie verloren, denn es gab und gibt ja diesen geilen Sport, der mich mit vielen verbindet: den Fußball. So waren die Wochenenden, wenn es möglich war, immer dem Fußball gewidmet. Ich liebte es, mich beim Training auszupowern und danach mit den Jungs in die Stadt zu fahren. Wir waren ja schließlich keine Profis, und unsere Belohnung waren die Kameradschaft und die kühlen Drinks nach dem Sport: Mann, was hatten wir Spaß!

Einer dieser engsten Freunde, den ich bereits aus der Schule und aus dem Jugendfußball kannte und später beim Fußball wieder traf und dem ich mich dank einer Vielzahl an Gemeinsamkeiten immer sehr verbunden fühlte, war Sven. Svenno, wie wir ihn – um Verwechslungen auf dem Platz zu vermeiden – zu nennen pflegten, ist ein ehrgeiziger, hartnäckiger, konsequenter und hilfsbereiter Typ, um an dieser Stelle nur einige seiner Vorzüge zu nennen. Er ist Koch und selbst in der Gastronomie großgeworden. So war er meiner Lebensgefährtin und mir in vielen Fragen rund um die Eröffnung unserer Gaststätte, des Kiosks und der Anschaffung des Food-Trucks mit seinem »Knowhow« immer eine große Hilfe.

Da wir befreundet waren, bekam ich in seinem Betrieb zum ersten Mal mit, welche Widrigkeiten einem innerhalb der Gastronomie begegnen können: die Unwägbarkeiten mit den Banken, der »Social-Media«-Auftritt, die Gäste und natürlich die Neider. Ich lernte in all den Jahren unserer Freundschaft, Svenno dafür zu bewundern, mit welcher Akribie, Geradlinigkeit und Härte zu sich selbst er seit jeher bei der Sache war und heute noch immer ist.

Naja, nun lag ich hier auf dem Sofa, und selbst der beste Freund konnte jetzt nicht helfen. Das Herumliegen machte mich mürbe. Oh Mann, manchmal gibt es diese Momente, in denen so viele Gedanken über mich hereinstürzen; dieser war so einer. Den kürzlichen Tod meiner Mutter hatte ich noch nicht überwunden, und auf der Dienststelle lief es nicht rund. Ich wollte an mich und meine Kämpfernatur appellieren, aufgeben war schließlich nie mein Ding. Ich sollte die Dinge ändern, die mich »krankmachen«. Wir leben doch in einem Land, in dem immer allen alles recht gemacht wird. Da konnte es doch wohl nicht so schwer sein, einen Weg aus der Misere bei der Polizei zu finden. Ein Diplom-Verwaltungswirt, Fachrichtung Polizei, wie sich das im Amtsdeutsch schimpft, wird doch wohl gefragt sein. Das ist doch etwas? Dabei noch einen guten Abschluss. Also, wo werden Leute wie ich gesucht? Nirgends. Polizei kam für mich nicht mehr in Frage. Da wären wieder die gleichen Leute um mich herum, und die Probleme, die sich aus meinem Zusammenspiel mit ihnen ergeben würden, wären dieselben. Also vielleicht eine andere Behörde? Ging nicht, da dort die Fachrichtung eine andere sein müsste. Einziger Ausweg: in die Polizeiverwaltung. Da war doch was? Ach ja, wieder dieselben Leute.

In Deutschland ist nun einmal für (fast) alles eine Ausbildung, ein Studium oder eine sonstige Qualifikation notwendig, was meine Einsatzmöglichkeiten sehr einschränkt. Das kommt von oben, da kann man nichts machen, will ich dieses Mal nicht sagen. Was konnte ich denn noch? Was blieb für einen wie mich übrig, wenn er einen Weg verlassen sollte, der ihn eigentlich bis zum Ruhestand bindet? Für die Betriebe von Paddy organisierte ich regelmäßig Veranstaltungen. Bei Paddy richtig zu arbeiten, wurde nur leider nichts, da die drei Betriebe gerade mal genug für ihren Lebensunterhalt abwarfen. Ja, viele denken immer, die Gastronomen seien Millionäre und dass bei uns der große Reibach gemacht wird, aber ich kann euch sagen: Viel Arbeit, wenig Geld, kein Gejammer. An dieser Stelle sei erwähnt: Paddy arbeitet jeden Tag bis zu 16 Stunden.

Was blieb mir noch? Im Verlauf der Jahre hatte ich ein wenig gelernt, Musikvideos oder Imagefilme zu produzieren und konnte das mittlerweile auch auf diversen Departments umsetzen. In all der Arbeit mit unserer kleinen Produktionsfirma »Videobeatz« blieb zwar etwas hängen, aber das war stets alles immer »self-made« und ohne Ausbildung.

Das Klingeln meines Handys riss mich aus meinen Tagträumen. Nummer unterdrückt. Ist bestimmt die Dienststelle, dachte ich, denn Sebastian hatte mir bereits zugesteckt, dass sich jemand bei mir melden würde, um alles Weitere abzuklären. Und so war es auch. Mein Chef

Thomas war in der Leitung: »Moin Kochi, wann bist du denn wieder dienstfähig? Wir sind hier eng an Leuten.«

Ich antworte: »Das kann ich noch nicht genau sagen. Es wird sich sicher noch einige Zeit hinziehen, bis ich wieder laufen kann.«

»Du wirst sicher demnächst wieder Innendienst machen können. Wir haben Carolin erstmal deine Vorgänge gegeben. Wenn sie Fragen hat, ruft sie dich an. Lass dich mal auf der Dienststelle sehen, wenn du es einrichten kannst. Mach es gut und Tschüss erstmal.«

Kein »Wie geht's dir?«, oder eine sonstige Interessenbekundung. Nein, Hauptsache, der Dienst läuft. Wie es mir geht? Scheißegal! Genau der falsche Impuls, um mich von meinen düsteren Gedanken fortzubringen.

Mein Vorgesetzter Thomas war einer von vielen Vorgesetzten, die nur den Dienst kannten und für ihn lebten. Er hatte sein halbes Leben große Verfahren betrieben und geleitet. Da wurde eben das Private zugunsten des beruflichen Erfolges hintenangestellt und viele unbezahlte Überstunden geleistet. Wer so etwas bereitwillig tut, erwartet dies natürlich auch von seinen Leuten, ohne dass die gleichen Lorbeeren winken würden. Er war erst seit Kurzem mein Vorgesetzter, den ich aber bereits seit meiner Ausbildung im mittleren Polizeidienst vor über 20 Jahren kannte.

Außerdem hatte er erst vor Kurzem dafür gesorgt, dass ich von meiner letzten Tätigkeit, die mir eigentlich Spaß gemacht hatte, in den Keller der Dienststelle verfrachtet wurde, um mich dort mit Drogendelikten herumzuschlagen. Das war gar nicht mein Ding. Doch mein damaliger

Kollege, auch Typus »Ich kenne nur den Dienst«, hatte sich bei ihm beschwert, dass ich nur vormittags arbeiten würde. Er brauche jemanden den ganzen Tag an seiner Seite.

Ja richtig, ich arbeitete seit einiger Zeit nur noch halbe Tage. Die Gängelung auf der Dienststelle brachte mich dazu. Bei meiner vorherigen Tätigkeit, bei der es um alles rund um Kfz-Delikte ging, hatte ich einiges an Überstunden aufgebaut. Das war etwas, was ich vor einigen Monaten im Streifendienst noch nach Kräften vermieden hatte.

So hatte ich einige Zeit vor meinem Achillessehnenriss bereits ein Gespräch mit meinem Vorgesetzten Thomas gehabt, in dem er mitteilte, dass ich aus den genannten Gründen in die Drogenermittlung versetzt würde. Ich war echt platt, denn ich hatte diese Sanktionierung nicht erwartet. Mal wieder kam es mir vor, als würde aller Mist auf meinem Rücken ausgetragen. Schlechtes Timing. Meine Mutter lag im Sterben, und mir war sowieso alles völlig egal. Ich war traurig und wütend zugleich und teilte Thomas mit, dass sie ruhig so weitermachen sollten, dann würde ich hier bald in den Sack hauen. Das ganze Gespräch lief unter diesen Umständen natürlich ziemlich emotional ab. Ich halte nie mit Dingen hinter dem Berg, das ist nicht meine Art. Wenn mir Sachen nicht passen, spreche ich sie an. Natürlich brachte mich das schon oft in problematische Situationen. Sebastian, der als Kollege dieses Verhalten kannte, hatte deshalb einmal zu mir gesagt: »Dein Problem ist, dass dir das Herz auf der Zunge liegt.«

Das stimmte sicherlich, aber ich hasse es, Dinge in mich hineinzufressen und Ungerechtigkeiten einfach so stehen zu lassen. Insbesondere, wenn diese Ungerechtigkeiten von oben vorgegeben werden. Probleme und Ungereimtheiten müssen geklärt werden. Mit dem Strom schwammen schon genug, und die meisten Kolleginnen und Kollegen arbeiteten mit den Ellenbogen, anstatt Dinge zur Sprache zu bringen.

Einige Tage nach dem Telefongespräch mit meinem Vorgesetzten verlängerte mein Hausarzt meine Krankschreibung, und ich beschloss, diese persönlich bei Thomas abzugeben. Nachdem ich mich mit meinen Krücken die Treppe hochjongliert und unterwegs einige Kollegen begrüßt hatte, landete ich beim Chef im Büro.

»Moin Thomas, meinen gelben Zettel habe ich ins Fach gelegt. Sag mal, wann läuft eigentlich die Ausschreibung für die Stelle von Olli aus der Kriminaltechnik?«

Thomas schaute mich an: »Die Stelle haben wir nicht ausgeschrieben. Dafür habe ich Stefan aus der Drogenermittlung vorgesehen. Ich weiß, dass du da hinwillst, aber Corinna braucht da jemanden, der mehr Stunden arbeitet.«

»Die Stelle wird doch sicher ausgeschrieben, oder? Ich habe da ja schon einige Vorerfahrungen in dem Bereich aus meiner Tätigkeit in Harburg. Außerdem habe ich doch letztens dort für ein paar Wochen hospitiert«, hakte ich noch einmal nach.

Thomas erwiderte: »Die muss nicht ausgeschrieben werden. Die Corinna hat gesagt, sie ist selbst schon Halbtagskraft, und beide vormittags geht dort nicht. Deshalb wird Stefan die Stelle kriegen. Der möchte unbedingt was anderes machen. Dich sehe ich da unten.«

Während ich mich mit finsteren Gedanken an den Treppenabstieg machte und zurück zum Auto humpelte, in dem mein Vater auf mich wartete, dachte ich mir meinen Teil. Ja genau, der muss mal was anderes sehen, und ich darf weiterhin aus dem Keller glotzen. Naja, so war es halt. Die Mama mit einem mittlerweile schulpflichtigen Kind darf halbe Tage machen, aber der ledige Andreas darf zur Belohnung für seine Halbtagstätigkeit brav und auf Dauer das Kellerkind mimen.

Dieses Gespräch mit meinem Vorgesetzten stellte den nächsten Tiefschlag in einer Zeit dar, die gemeinhin wenige Lichtblicke für mich bereitgehalten hatte. Je länger ich krankgeschrieben war und Zeit hatte nachzudenken, umso klarer wurde mir, dass ich endlich etwas ändern musste. Es lag an mir selbst, die schlechte Laune, die mich zuletzt bei der Arbeit begleitet hatte und sich auch immer mehr ins Private übertrug, endlich loszuwerden. Kein Mensch muss unzufrieden sein.

Ich suchte nach Lösungen. Also durchforstete ich Stellenausschreibungen bei der Polizei und anderen Behörden, aber informierte mich auch über mögliche Ausschreibungen in der freien Wirtschaft. Dabei spielten finanzielle Kriterien keine große Rolle, denn wegen meiner Halbtagstätigkeit war ich es bereits gewohnt, mit wenig Geld klarzukommen. Je länger ich mich mit der Suche beschäftigte, je mehr ich mich meinen Grübeleien hingab, desto klarer wurde mir, dass ich meine fast 25 Jahre Polizeidienst nicht einfach so stehenlassen wollte. Schließlich waren in all diesen Jahren der Sport, der Schichtdienst und die Reibereien, die der Polizeialltag so mit sich bringt, maßgeblich dafür verantwortlich, dass ich meine Gesundheit ruiniert hatte. Außer mit den kaputten Knochen hatte ich nun auch seit einigen Jahren mit Herzrhythmusstörungen zu kämpfen.

Der Eindruck, dass mein Weg mich zwingend von meinem bisherigen Leben bei der Polizei fortführen müsse, wurde unter anderem bestärkt durch das, was ich von mir wohlgesonnenen Kollegen mitbekam, auf welche Art und Weise auf der Dienststelle über mich und meine Krankschreibung gesprochen wurde. Von meinem Arzt hieß es, dass er ein »Doc Holiday« sei, weil er mich so lange krankschrieb, und mittlerweile wurde wohl sogar unser Food-Truck beobachtet, weil man davon ausging, dass ich trotz meines Krankenscheins dort mit anpacken würde. Was sollte das? Mein Achillessehnenriss war erst einige Monate her, und ich konnte bislang noch nicht einmal ohne Krücken laufen.

Da der Riss konservativ und ohne Eingriff behandelt worden war, stand die drohende Gefahr eines erneuten Abrisses stets im Raum. Ich ging regelmäßig zur Physiotherapie, Auto fahren war überaus schwierig. Mittlerweile kam es mir so vor, als wenn ich in der Hoffnung beobachtet würde, etwas zu entdecken und mir so einen reinwürgen zu können. Das Maß war jetzt voll! Jahrelang hatte ich zur Stange gehalten, Gesundheit und Psyche der Polizei geopfert und gehörte mit Sicherheit nicht zu denjenigen, die sich ständig krankmeldeten. Nun hatte ich tatsächlich eine ernste Verletzung, aber es gab wenig Verständnis, stattdessen wurde Druck aufgebaut. Je länger ich über den Sachverhalt nachdachte und sich keine anderen Lösungen abzeichneten, desto fester formte sich mein Entschluss, dass es das für mich gewesen sei. Telefonate mit Vorgesetzten, die ich als sehr enttäuschend empfand, bestätigten mich, das Vertrauensverhältnis zu ihnen als zerstört anzusehen.

Nach einigen weiteren Wochen war ich mittlerweile wieder in der Lage zu gehen, war gewissermaßen »diensttauglich«, aber all die Probleme auf der Dienststelle setzten mir dermaßen zu, dass mein Hausarzt mich nun wegen all dieser Probleme krankschrieb, die schwer auf meiner Psyche lasteten. Ich konnte nicht mehr. Er riet mir, nach Lösungen zu suchen, werde aber bis dahin die Sache mit mir tragen, da er meine Probleme und meine Verfassung erkannte. Einmal sagte er zu mir: »Was ist denn da los bei der Polizei? Ich kenne einige von euch mit diesen Problemen.« Ja, was ist da los? Diese Frage versuche ich für mich auch zu beantworten, und dieses Buch soll zumindest in subjektiver Weise einige der Dinge, die zuletzt schief zu laufen schienen, aufzeigen.

Die Krise verschärfte sich, und gemäß vorgesehenem Schema F führte ich einige Gespräche mit dem Kriseninterventionsteam, bei dem zum Teil auch die Dienststellenleitung zugegen war, aber bei denen sich für mich keinerlei Verbesserung oder gar Lösung der Situation abzeichneten. Letztendlich wurde ich knapp ein Jahr nach dem Unfall und der Krankschreibung zum Polizeiarzt in den Süden unseres Bundeslandes vorgeladen, um meine Polizeidiensttauglichkeit überprüfen zu lassen. In diesem Moment schien mir auch dieser Schritt nur wie eine weitere Gängelung, die mich in meiner Sichtweise noch bestärkte. Ich wusste von Kollegen, die sich seit Jahren krankschreiben ließen oder ständig krank waren, und ein solcher offizieller Schritt war nach einer so relativ kurzen Dauer der Krankschreibung in keinem ihrer Fälle vorgegeben worden.

Vor dem Gespräch war mir mulmig zumute, schließlich wusste ich nicht, was auf mich zukommen würde. Die Höchststrafe und das »Worst-Case-Szenario« wäre für mich, wenn ich nun in der Polizeiverwaltung tätig sein müsste; umgeben von Schreibtischtätern mit der gleichen Mentalität, wie sie mir so zuwider geworden war. Als ich eintrat, hatte der Arzt bereits meine Akte auf dem Tisch und eröffnete das Gespräch in angenehmer Atmosphäre: »Sie sind Herr Koch. Was schicken sie Sie denn aus dem hohen Norden hierher zu uns? Ich kenne die beteiligten Dienststellen und handelnden Personen ja gar nicht.«

Ich, der ich zugegebenermaßen recht angespannt war, wunderte mich, weshalb er so locker war. Aber schließlich ging es ja auch nicht um seine Person, und für ihn war ein solcher Termin wohl vollkommen alltäglich.

Ich beschloss, souverän und ohne Ausfälle mit der Situation umzugehen, und antwortete: »Keine Ahnung, ich wurde hier heute vorgeladen. Sie haben sich sicher schon mit der Aktenlage vertraut gemacht?«

Er führte etwas weiter aus und erklärte: »Ich kann mir zwar ein Bild laut Akte machen, aber die eigentlichen Probleme müssen Sie mir schon berichten.«

Ich zögerte erst etwas, fing dann aber an zu erzählen: »Mich beschäftigen derzeit viele Dinge, die meisten sind zwischenmenschlich. Ich ecke ständig mit meiner Ehrlichkeit an und verstehe die meisten dienstlichen und personellen Entscheidungen nicht mehr. Von oben werden ständig neue Dinge vorgegeben, die von den direkten Vorgesetzten immer eins zu eins sofort umgesetzt werden. Nicht nur im polizeilichen Bereich nach außen, sondern auch dienststelleninntern. Und das Ganze völlig überdreht in vielen Bereichen.«

Der Doc gab sich verständnisvoll: »Die Probleme haben Sie nicht nur in Ihrem Bereich, die haben derzeit viele Beamte. Aber wie soll ich mir jetzt ein Bild von der Situation machen? Ich kann hier leider nur nach Aktenlage entscheiden, da ich keine der handelnden Personen kenne. Ihre Situation an sich verstehe ich sehr wohl, aber was stellen Sie sich denn in Zukunft vor?«

Ich zögerte ein wenig, bevor ich erwiderte: »An sich habe ich die Schnauze gestrichen voll, sogar mehr als voll. Ich habe keine Ahnung, welche Lösung es gibt, aber ich dachte, Sie machen vielleicht einen Vorschlag?«

Er schaute aus dem Fenster und sagte: »Wissen Sie, Herr Koch, ich zeige ihnen drei Lösungswege auf und Sie entscheiden, welchen wir einschlagen. Erstens, Sie lassen sich weiter krankschreiben und machen erst einmal eine Reha und danach eine Wiedereingliederung. Zweitens könnten Sie in die Polizeiverwaltung gehen. Drittens kann ich Ihnen anbieten, dass Sie in den Ruhestand auf Zeit kommen, und wir würden uns dann in ein bis zwei Jahren wiedersehen. Eine weitere Abzweigung auf diesem Weg wäre, dass ich Sie als dienstunfähig einstufe und Sie damit in den Ruhestand auf Dauer kommen.«

Hatte ich da gerade richtig gehört? Nach kurzem Überlegen sagte ich: »Wissen Sie, ich habe tatsächlich die Nase voll. Ich habe versucht, eine Lösung zu finden, doch es wird einem Beamten in meinem Alter auch schwer gemacht. Ich gehöre nicht zu denen, die sich wegducken und sich zu Lasten anderer ewig krankschreiben lassen, nur um weiter ihre Bezüge zu bekommen. Das war noch nie mein Ding. Ich möchte auch auf keinen Fall in die Polizeiverwaltung. Also, ich würde dann gerne in Ruhestand.«

»Herr Koch, das werde ich so schreiben, aber bitte versichern Sie mir, dass Sie dagegen keine Rechtsmittel einlegen.«

Ich wollte einfach nur frei sein und mein Leben leben - ohne die ständigen Gängelungen und Vorgaben von oben. Diese Versicherung fiel mir also nicht schwer. »Da können Sie sich auf mich verlassen.«

Nach etwas über einem Monat hatte ich meine Urkunde im Kasten, auf der stand, dass man sich für meine Dienste bedankte. Sebastian nahm meine Dienstutensilien mit zur Wache, und Thomas schickte mir noch ein paar persönliche Zeilen, in denen er schrieb, dass er meine Entscheidung nicht nachvollziehen könne und gerne bei einem Hefeweizen darüber sprechen würde. Besonders von ihm war ich enttäuscht, aber vielleicht würde sich eines Tages die Möglichkeit der Aussprache bei einem Bier ergeben.

So endete das Kapitel Polizei, das fast 25 Jahre mein Leben bestimmt hatte, ohne großes Aufsehen.

- II -

Polizei

Der mittlere Polizeidienst

Es ist der Abend des 2. Oktober 1993. Für Deutschland ein normaler Sonntag, für meinen Kumpel Hubi und mich, wie wir an einem norddeutschen Provinzbahnhof stehen und auf den Zug gen Süden warten, eine große Sache: Morgen ist unser erster Tag an der Polizeischule. So fahren wir, gerade mal 16 bzw. 17 Jahre alt und noch grün hinter den Ohren, mit unseren Reisetaschen südwärts.

Wie sich herausstellt, sind wir nicht die Einzigen mit diesem Ziel. Die ganze lange Strecke sollen noch weitere Polizeischüler zusteigen. Besonders ist mir Malte in Erinnerung geblieben, der bei Uelzen dazugestoßen ist. Er ist gerade einmal schlappe 15 Jahre alt, und aus der Seitentasche seiner Reisetasche schaut der Kopf eines Teddys. Mann, in dem Alter bin ich damals für zwei Monate von zuhause nach Italien abgehauen, aber wir sind eben eine verdammt junge Truppe, und für ihn ist es wahrscheinlich das erste Mal von zuhause weg. Was für ein Kontrast! Gestern noch Hotel Mama, und ab jetzt geht es in die Kaserne, um die Grundlagen des Polizeidienstes für das darauffolgende Praktikum zu lernen.

Ich selbst reiste dort als mittelmäßiger Realschüler an, nicht weil ich zu doof gewesen wäre, sondern einfach zu faul. Laut meiner Mutter hatte ich bereits seit der Kindheit eine Form von ADHS.

Ich konnte mich schnell für Dinge begeistern und diese erlernen, verlor aber auch genauso schnell das Interesse daran. Doof war nur, dass ich schlecht stillsitzen konnte und eigentlich immer unter Dampf stand. In der Schule führte das dazu, dass ich oft den »Klassenkasper« mimte und meine Eltern eine rege Brieffreundschaft mit meinen Lehrern pflegten. Nicht unbedingt, weil ich immer der Unruhestifter war, als der ich gerne dargestellt wurde, sondern – so mein Eindruck – weil ich wegen meiner Art oft auch als Sündenbock für alles Mögliche herhalten durfte. Dazu kam noch, dass ich eine rebellische Seite hatte, die ich in der Dynamik eines Klassenverbandes gut ausleben konnte. Das waren sicherlich Eigenschaften, die mich nicht unbedingt für die Polizei empfahlen, aber dort würden sie einen jungen Menschen in Vorbereitung auf das Beamtenleben schon auf Spur kriegen. Das würde sicherlich nicht einfach werden, da musste ich mich jetzt etwas umgewöhnen, denn der Ernst des Lebens, den mein Vater in jenen Tagen gerne heraufbeschwor, begann für uns soeben. Ich war scharf darauf, mich in einer Welt zu beweisen, die ich mir selbst ausgesucht hatte, und den Kosmos »Schule«, den ich immer eher als quälend empfunden hatte, endlich hinter mich zu bringen.

Am Wachhäuschen der Kaserne wurden wir einem Kasernenblock zugewiesen. Malte bog erst einmal ab und rief aus der Telefonzelle neben der Wache zuhause an. Ein jeder schien seinen eigenen Ballast mit auf diesen Weg gebracht zu haben.

Hubi und ich hatten Glück, dass wir zusammen in einen Lehrsaal kamen. Glück insofern, als die Anfangsbuchstaben unserer Nachnamen im Alphabet eng beisammen waren, und so waren wir auch zusammen auf einer Stube. Zu uns beiden wurde noch Mark gesteckt, der bereits weit in seinen 20ern steckte, und fertig war unsere Dreimann-Bude.

Der Begriff »Bude« traf es auf den Punkt: Die Essensfächer waren im Flur, es gab einen Aufenthaltsraum mit drei Schreibtischen und einen Schlafraum mit drei Betten. Alles einfach, aber alles okay - Kaserne halt. Toiletten und Duschen waren auf dem Flur und gemeinschaftlich zu nutzen. Die Mädels waren ein Stockwerk unter uns untergebracht.

Was hatte mich dazu bewogen, diesen Weg einzuschlagen? Es ist wohl ein Irrtum, jeder Lebensentscheidung immer etwas komplett Durchdachtes zu hinterlegen.

Vieles passiert im Leben aus dem Affekt heraus, aber genauso viel aus Gewohnheit. Mein Vater war Polizist, 1.500 Mark waren in der Ausbildung eine überdurchschnittlich gute Bezahlung, und es war ein krisensicherer Job. Ganz schön »erwachsene« Gründe für einen 17-Jährigen.

Später, im Verlauf der praktischen Ausbildung, aber vor allem in der Polizeiarbeit, sollten noch andere Gründe dazukommen, die mich in meiner Entscheidung zunächst bestätigten: das Gefühl, einen Unterschied zu machen und Leuten helfen zu können.

Die Tage liefen routiniert ab: morgens ab 6.30 Uhr Frühstück und um 7.25 Uhr Unterrichtsbeginn im Lehrsaal. Dafür musste der Letzte aus jeder Bude den Stubenschlüssel beim »Spieß« im Erdgeschoss abgeben. Dann erst einmal einige hundert Meter über das Kasernengelände zum Lehrsaalblock. Um 16.45 Uhr war Feierabend. Dazwischen eine Stunde Mittagspause.

Unser Jahrgang bestand zu etwas mehr als der Hälfte aus Männern. Es gefiel mir, dass kein Unterschied zwischen Frauen und Männern gemacht wurde. Nur beim Sport gab es wegen der biologisch bedingten unterschiedlichen Leistungsfähigkeit andere Richtwerte und Benotungen. Allerdings waren meiner Meinung nach manche dieser Richtwerte für die Frauen ein Witz.

Während die angesetzten Benotungskriterien bei uns Männern teilweise wirklich schwer zu erreichen waren, konnten die Bestnoten bei den Frauen relativ einfach abgeholt werden, was sich auch in ihrer Häufigkeit zeigte. Ansonsten waren wir alle gleich, und vor der einen oder anderen Kollegin mussten wir uns in den Jiu-Jitsu-Lehrstunden aus gutem Grunde in Acht nehmen.

Zwischen den unzähligen Theoriestunden war im Lehrplan noch viel Platz für Sport, Waffenhandhabung und Formalausbildung. Dafür gab es den Exerzierplatz, dort bekamen wir unseren »Drill«.

Ich erinnere mich noch an das erste Wochenende, an dem ich mit einem gewissen Respekt vor der Institution Polizei nach Hause kam und auf meinen Vater traf, der meinte: »Na, jetzt bist du auch bei dem Scheißverein.«

Ich war jung, naiv und konnte mir zu dem Zeitpunkt noch nicht vorstellen, was er genau damit meinte, und kehrte den flapsigen Spruch unter den Teppich. Erst viele Jahre später sollten mir seine Worte wieder ins Gedächtnis kommen.

Es war mir wichtig, meinen Eltern zu zeigen, dass ich etwas auf dem Kasten hatte, also gab ich in der Ausbildung richtig Gas. Das Sportprogramm entsprach genau meinem Naturell, und auch der meiste praktische Kram wie Waffenkunde, Formalausbildung etc. war in Ordnung. Hingegen war bei den theoretischen Fächern viel Auswendiglernen gefragt, was mir überhaupt nicht lag und mir zu schaffen machte, aber ich boxte mich irgendwie durch, und es gelang mir, den Stoff auf meine Art und Weise zu begreifen. Was ich nicht nachvollziehen konnte war, dass es nicht wirklich um eine Verinnerlichung des Stoffes ging. Plumpes Auswendiglernen genügte in der Regel, um ein zufriedenstellendes Ergebnis zu erhalten, bewies aber nicht, dass der Stoff verstanden worden war. Naja, das scheint das System zu sein. Sei's drum. Aber okay.

Und immer wieder die Formalausbildung ... Während des Marschierens gerieten wir immer wieder aus dem Tritt, was unser Ausbilder Gruber mit einem energischen: »Links, links, links!«, zu korrigieren versuchte. Es sollte nichts bringen. Unser Lehrsaal war im Zugverband der Größe nach aufgestellt, was regelmäßig dazu führte, dass die Schritte zu kurz oder zu lang wurden und wir immer wieder aus dem Tritt kamen. Unser Unvermögen brachte Ausbilder Gruber zur Weißglut, und er prophezeite lautstark: »Was ist denn da los? Ich merke schon, Hennemann hat einen schlechten Tag, Hensmann hat ein schlechtes Jahr und Koch hat ein schlechtes Leben!« Auf die Polizei bezogen sollte er mit dieser Aussage Recht behalten.

Volkmar Gruber, es ist lange her, ich weiß nicht, ob es dich noch gibt, aber vielleicht liest du ja eines Tages dieses Buch.

Die Tage waren gut gefüllt, ich hatte das Gefühl zu wachsen, und das erste Jahr verging wie im Flug. Am Ende stand auf dem Zeugnis die Note Zwei, also gut. Wegen meiner noch besseren Sportleistungen stellte mir Volkmar Gruber sogar frei, die Gelbgurt-Prüfung im Jiu-Jitsu abzulegen, die eigentlich Pflicht war. Ich verzichtete dankbar und trage bis heute stolz meinen weißen Gurt.

Im Laufbahnlehrgang sollte es mir wieder freigestellt werden. Es gefiel mir, dass man Augenmaß walten ließ und meine sportlichen Kompetenzen gewürdigt wurden.

Zu dieser Zeit wurde in der Polizeidienstausbildung noch viel Wert auf die körperliche Fitness gelegt, was für mich eine der nachvollziehbarsten Grundbedingungen dieses Berufs darstellt. Jedoch haben sich die Anforderungen in den letzten Jahren anscheinend enorm verringert. Damals war es zum Beispiel Voraussetzung, dass wir zum Ende des ersten Ausbildungsjahres das Rettungsschwimmerabzeichen Silber vorweisen konnten. Das hatte nichts mit dem Schwimmabzeichen Silber zu tun, das viele meistens schon in der Jugend stolz an ihre Badehose nähen ließen.

Nein, da wurde mit Transportschwimmen, Schwimmen mit Klamotten und längeren Tauchdistanzen einiges verlangt, das auch für durchschnittliche Schwimmer nicht ohne war.

Ich erinnere mich noch gut, welche Tortur das Ganze für meinen Kumpel Hubi sein sollte. Er war ein sportlicher und aufgeschlossener Typ, aber das Wasser war nicht sein Element.

du hin. Jan war im Berufsalltag ein ziemlich strenger und launischer Zeitgenosse, was ungünstig war, denn es fiel mir besonders am Anfang schwer, den ganzen Formalwust der Abteilung zu durchschauen. 1994 hatte Windows 95 leider noch keinen Einzug in deutsche Dienststuben gehalten, und wir schrieben noch auf einer Olympia-Schreibmaschine. Schon damals bewunderte ich meinen mürrischen Ausbilder, wie er mit drei oder vier Fingern so viele Anschläge pro Minute schaffte wie andere mit zehn. Fast 25 Jahre später weiß ich, dass die eiserne Routine Jans Fähigkeiten perfektioniert hatte.

Nach und nach fuchste ich mich rein und schrieb schon bald meine ersten Vorgänge alleine. Ich erinnere mich noch, dass ich stolz war wie Bolle, als ich meinen ersten Unfall auf ein paar Seiten mit Durchschlagpapier fertig geschrieben hatte. Neben der textlichen Darstellung des Sachverhaltes mussten weitergehend auch Statistikfelder ausgefüllt werden. Das dauerte ewig, und die Buchstaben und Zahlen genau mit dem Anschlag in das richtige Feld zu positionieren, war die reine Qual.

Ich legte Jan das Formular zur Durchsicht vor, denn er musste alle meine Vorgänge gegenzeichnen. Er las den Text durch und kontrollierte die Felder. Seinem Naturell widerstrebend entfuhr ihm ein kleines Lob: »Gut geschrieben, Stippi, und ganz ohne Fehler.«

Dann hielt er auf einmal den Durchschlagbogen gegen das Licht, betrachtete mein Gesellenstück mit Argusaugen und sagte: »Mensch, die ganzen »Os« sind ja durchgeschlagen. Das kannst Du schön nochmal machen.«

Äußerlich nahm ich die Kritik ruhig hin, aber innerlich machte sie mich wütend. Es war einfach nur Schikane, aber das war wohl der Ton, der in diesem Haus herrschte.

Es gab noch mehrere solcher Vorfälle. Oft war ich kurz davor, »in den Sack zu hauen«. Meinen Eltern brauchte ich damit natürlich nicht zu kommen, denn bekanntlich sind Lehrjahre keine Herrenjahre. Wie oft hatte ich diesen abgedroschenen Spruch nur gehört. Außerdem hatte ich viel zu viel Respekt vor meinem Vater, als dass ich das Handtuch geworfen oder mich bei ihm beschwert hätte. Die meisten anderen Kollegen in der Schicht waren ähnlich aufgelegt, als ob es eine stumme Übereinkunft zwischen ihnen gegeben hätte. Ich hatte keine Ahnung, was das sollte.

Letztlich bekam ich auch dieses Jahr irgendwie rum und bekam dazu noch eine ganz gute Beurteilung ausgestellt.

Von meinen Fähigkeiten als Funkstreifenwagenfahrer konnte darin nicht allzu viel erwähnt worden sein, da ich bei Jan nicht fahren durfte. Das war ihm zu gefährlich, und am besten lernte man das Fahren seiner Anschauung nach ja vom Beifahrersitz aus. So konnte ich in meiner passiven Lernhaltung einmal aus nächster Nähe vom Beifahrersitz aus beobachten, wie sich der rechte Außenspiegel des Streifenwagens beim Verlassen des Dienststellengeländes am Torpfosten verabschiedete.

Sofort erinnerte ich mich daran, wie Jan mein erneutes Bestreben, mehr Fahrpraxis zu sammeln, erst ein paar Tage zuvor abgekanzelt hatte: »Es ist besser, wenn ich fahre, du kannst kein Auto fahren!« So ging das also.

Ich nahm mir vor, die neue Lektion alsbald in mein Berichtsheft einzutragen.

Nach diesem Praxisjahr hieß es nun endlich: Laufbahnlehrgang. Ein halbes Jahr die Zähne zusammenbeißen;
Augen zu und durch. Ich war wieder mit Hubi im Lehrsaal
und natürlich auch auf einer Stube. Der Wechsel brachte auch Vorteile mit sich: Endlich hatten wir Zweimann-
zimmer.

Warum auch immer, schlug mich unser Ausbilder Bert
zum Lehrsaalsprecher vor, und die Kollegen stimmten alle
zu. Wie sich später herausstellte, war Bert ähnlich gut aufgelegt wie mein damaliger Ausbilder Volkmar Gruber. Beide habe ich nach all den Jahren noch immer in positiver
Erinnerung. Es freut mich heute noch, dass ich von einer
Person, die ich sehr respektiere, für das »Amt« vorgeschla-
gen wurde. Die Sache war zwar mit ein wenig Organisation
verbunden, aber das machte mir Spaß.

Der Stundenplan war wie immer gut gefüllt, die Zeit
floss nur so dahin, und am Ende der Ausbildung konnte
ich die Note »gut« verbuchen.

Ich war stolz wie Oskar auf das Ergebnis, das ich er-
hobenen Hauptes nach Hause brachte, und auch meine
Eltern waren stolz auf mich.

Allerdings konnte ich mich auf meinen Lorbeeren nicht
lange ausruhen. Es war April 1996, und der nächste Schritt
führte mich in die Bereitschaftspolizei. Zunächst waren ein
paar Wochen Ausbildung für den geschlossenen Einsatz
angesagt, bei dem wir auf zukünftige Großeinsätze mit der
Hundertschaft vorbereitet wurden. In der Praxis bedeutete das: Formalausbildung und Drill bis zum Umfallen.
Manchmal fragte ich mich, welche Charaktere da auf uns

losgelassen worden waren. Es war Ende Mai, als uns der Zugführer, der uns ausbildete, antreten ließ. Ein Kollege litt zu dieser Jahreszeit an schlimmen Heuschnupfen, und dementsprechend tränten seine Augen. Der Ausbilder ging die Reihe ab, blieb vor ihm stehen und starrte ihn an, bevor er ihn mit barschem Ton fragte: »Was haben sie denn?« Der Kollege entgegnete kleinlaut, aber sachlich, dass ihm die Augen tränten. »Wenn ich Sie ansehe, dann tränen mir auch die Augen!«, war die Antwort des Ausbilders. Das nennt sich Menschenführung ...

Direkt im Anschluss an diesen Ausbildungsblock fuhren wir mit unserer Hundertschaft in einen mehrwöchigen Einsatz, um das Gelernte in der Praxis anzuwenden. Es war ein Großeinsatz, der in Deutschland seinesgleichen suchte, und ein dementsprechend denkwürdiger Einstieg in das Berufsleben. Mit unzähligen Hundertschaften aus dem ganzen Land ging es ins Wendland, um die sichere Ankunft des Castor-Transportes ins »Zwischenlager Gorleben« zu garantieren.

Die nächsten Einsätze in der Bereitschaftspolizei folgten. Es war für mich eine aufregende und abwechslungsreiche Zeit, die mir Spaß machte und in der ich froh war, diesen Lebensweg eingeschlagen zu haben.

Neben dem Fokus auf den Sport waren es besonders die Einsätze fernab der Heimat und die Möglichkeit, die in kurzer Zeit aufgebauten Überstunden später mit Freizeitausgleich abzubummeln, die mir an diesen Einsätzen so gefiel.

Nach ungefähr einem Jahr wurde in unserer Hundertschaft schließlich ein neuer Einsatzzug gebildet. Die vorgegebenen Kriterien, die Ausrüstung und die Qualität der geplanten Ausbildungen ließen ihn wie eine Festnahmeeinheit erscheinen. Wenn ich angenommen wurde, bedeutete das noch mehr Sport und intensiveres Einsatztraining für mich. Ich bewarb mich und erhielt schon kurz darauf die Zusage. Das Klima unter den Kollegen war genial, es herrschte eine gute Kameradschaft, und wir hatten viel Spaß.

Regelmäßig führten wir Fortbildungswochen durch, und ich sah sie als gute Möglichkeit, mich für das weitere Berufsleben als Polizeibeamter vorzubereiten. In einsatzarmen Zeiten unterstützten wir die örtliche Fahndung in Zivil beim Bekämpfen der offenen Drogenkriminalität. Diese Dienste machten mir besonders viel Freude, denn wir arbeiteten in kleinen Teams eigenständig zusammen, ohne dass - wie bei den Einsätzen üblich - ein Gruppenführer die Richtung vorgab. Endlich konnte ich innerhalb des rechtlichen Rahmens meinen eigenen Instinkten folgen, und es war ein schöner Kontrast, ein wenig Eigenständigkeit bei der Arbeit zu haben. Mein Partner bei diesen Einsätzen war Michael Farmer. Wir kamen gut miteinander aus und ergänzten uns. Da wir stets in Zivil unterwegs waren, konnten wir andere Wege gehen, die nicht selten mit Erfolg belohnt wurden. Mal gelang es uns, Ladendiebe auf frischer Tat zu stellen, mal konnten wir Rauschgiftgeschäfte unterbinden und die Ware aus dem Verkehr ziehen. Es war eine gute Zeit, die uns beiden Spaß machte. Michael sollte mich dienstlich noch einige Jahre begleiten.

Ein Fall von damals ist mir besonders in Erinnerung geblieben: Tags zuvor hatte es in der Stadt einen bewaffneten Raubüberfall auf eine Bankfiliale in der Innenstadt gegeben. Dem männlichen Täter war es unter Androhung von Waffengewalt gelungen, mehrere tausend D-Mark zu erbeuten. Es gab eine Beschreibung des Täters und ein eher unscharfes, eigentlich unzureichendes Bild einer Überwachungskamera, das auch in der lokalen Presse abgedruckt wurde. Die Strumpfmaske, die er bei dem Überfall getragen hatte, erschwerte die Identifikation des Täters noch zusätzlich. Nichtsdestotrotz deuteten bestimmte Gesichtslinien auf ein sehr markantes Gesicht hin. Laut der Beschreibung sollte der Täter »Z-Turnschuhe« in Grün und eine dunkelblaue Jacke mit Karo-Innenfutter getragen haben, mit einem weißen Schriftzug vorne auf der Brust.

Das war nicht viel, aber immerhin etwas. An dem Tag bildete ich nicht mit Michael, sondern mit Jens ein Team. Jens und ich sagten den Kollegen in der Dienststelle, dass wir mal rausgehen würden, um den Typen zu suchen. Wir kündigten großspurig an, dass er bis zum Mittag unser Gast sein sollte, was natürlich für großes Gelächter auf der Dienststelle sorgte. Dass es dann doch dazu kam, lag wohl an einer gehörigen Menge Glück und den kleinen Wissensvorteilen, die ich als junger Polizist so hatte. Ich vermutete Jens gegenüber: »Z-Turnschuhe. Was soll das sein? Ich könnte mir vorstellen, dass damit »New-Balance«-Turnschuhe gemeint sind. Das Markenzeichen sieht einem Z doch recht ähnlich.«

»Ja das kann sein. Die Beschreibung der Jacke erinnert mich an eine »Harrington-Jacke« von Lonsdale. Die kenne ich aber nur in Schwarz oder Rot, aber die haben vorne auch einen Schriftzug auf der Brust und genau dieses charakteristische Karo-Innenfutter«, fügte Jens seinerseits hinzu. Ich erwiderte, dass es die Jacken auch in blau gebe und dass es bei einem Army-Shop in der Innenstadt, der diese Jacken vertrieb, zumindest einen Mitarbeiter gab, auf den die Größe zutraf.

Also mit dem Fahndungsfoto aus der Bank im Gepäck und dem euphorischen Gefühl, eine Spur zu haben, ab zum Army-Shop. Der war zwar verschlossen, aber der CD-Laden nebenan war offen.

»Moin, Polizei. Wir ermitteln wegen des Banküberfalls von gestern. Haben Sie davon gehört?« Ich hielt dem Inhaber das Bild unter die Nase und erklärte: »Wir wollten eigentlich zu ihrem Nachbarn und uns wegen der Jacke, die der Täter trug, erkundigen.«

Der Typ, ungefähr Anfang dreißig, schaute uns an und sagte lachend: »Das Bild habe ich heute Morgen schon in der Zeitung gesehen. Ist dem Ingo vom Laden nebenan wie aus dem Gesicht geschnitten. Ich habe ihn vorhin schon gefragt, ob er eine Bank überfallen hat. Natürlich nur aus Spaß.«

Mein Kollege Jens unterbrach ihn in seiner Heiterkeit: »Moment mal, hat Ihr Nachbar eine Harrington-Jacke und New Balance-Turnschuhe?«

»Tatsächlich, woher wissen Sie das? Die Jacke hat er in so einer seltenen Farbe. Ich meine, dunkelblau, und er hat New-Balance-Turnschuhe in der Farbe Grün.«

Etwas überrascht von diesem Glücksfall erwiderte ich nur: »Wo ist er denn jetzt?«

»Der ist zur Bank, Geld holen. Er schuldet mir ein paar tausend Mark«, antwortete der Ladenbesitzer und erhärtete das Verdachtsmoment.

Das reichte vorerst. Ich rief auf der Dienststelle an und forderte Verstärkung an, und kurz darauf gelang es uns, den Verdächtigen vor seinem Laden zu stellen und vorläufig festzunehmen.

In seiner Vernehmung räumte er die Tat ein und wurde in einer späteren Verhandlung zu einer mehrjährigen Haftstrafe verurteilt. Was für ein Tag! Das Beste war, dass es gerade mal 11.45 Uhr war. Kein schlechter Batzen Arbeit, den wir da vor dem Mittagessen erledigt hatten.

Als wir zur Dienststelle zurückkehrten, standen überall die Kollegen auf dem Flur und beglückwünschten uns. Es herrschte eine ausgelassene und kameradschaftliche Stimmung. Das machte Spaß und war die beste Belohnung für unsere Arbeit. Von offizieller Seite gab es eine Belobigung von der Dienststellenleitung, die an unsere Dienststelle gesendet wurde. Wir hatten in dieser Zeit einige Erfolge, aber dieser sollte der herausragende bleiben.

Die Arbeit im Einsatzzug und im festen Rahmen hingegen bereitete weniger Spaß. Unser Zugführer war zwar verheiratet und hatte zwei Kinder, kannte aber kein Zuhause. Ein »Workaholic«, wie er im Buche steht. Er rief regelmäßig auf dem Rückweg von zum Teil tagelangen Einsätzen bei der übergeordneten Dienststelle an und bettelte regelrecht um Folgeeinsätze. Manchmal waren wir insbesondere wegen seiner Impulse tage- oder wochenlang nicht zuhause.

Am schlimmsten waren die Einsätze, bei denen wir wie die letzten Menschen untergebracht waren. So mussten wir beispielsweise während eines Einsatzes in Rostock in den oberen Stockwerken eines Abbruchhauses wohnen.

Ja, nur die oberen Stockwerke, denn die unteren der Immobilie waren dermaßen verwüstet, dass sie sogar für uns unbewohnbar waren. Zudem war der Fahrstuhl defekt, und wir mussten nach langen Nachtschichten unser gesamtes Gerödel Tag für Tag die Treppen nach oben schleppen.

Ich erinnere mich noch, wie ich aus dem Fenster schaute und neben mir ein Kollege auf dem Balkon stand. Ich sagte zu ihm, wenn er den Balkon von hier sehen könnte, würde er sich nicht mehr daraufstellen. Aus den Wasserleitungen kam nur braune Brühe. Mann, war das eine Bruchbude! So brachte der Staat seine Leute also unter. Man möchte meinen, das kommt von oben …

Im Vergleich dazu war sogar eine alte Schule in Saalfeld, in der wir während eines Einsatzes Quartier hatten und mit 30 Mann in einem Klassenzimmer auf Feldbetten schlafen mussten, bodenständig angenehm. Morgens standen wir dort freiwillig zwei Stunden früher auf, um noch etwas von dem limitierten warmen Wasser beim Duschen abzubekommen.

Wir waren halt jung und belastbar. Mit uns konnte man es anscheinend machen. Oft stellte ich mir die Frage, ob hinter der Organisation dieser Quartiere Unvermögen oder fehlender Wille und Wertschätzung standen?

Dagegen konnte ich in den regelmäßigen Beurteilungsnotizen die doppelmoralische Denke einiger Vorgesetzter klarer erkennen. Mit diesen Notizen wurden unsere Leistungen regelmäßig eingeordnet, und sie waren maßgeblich entscheidend für die darauf aufbauenden Beurteilungen, die später über Beförderungen entschieden.

Eines Tages musste ich zu einem Gruppenführer ins Büro, und er legte mir meine neueste Beurteilungsnotiz auf den Tisch. Auf dieser stand, dass ich während eines Einsatzes die Ärmel meines Einsatzoveralls hochgekrempelt hatte. Ich erinnerte mich sehr gut an diesen Tag, denn es herrschte eine Bullenhitze, über dreißig Grad und weit und breit kein Schatten. Der Gipfel war aber, dass mir der Gruppenführer, der mir in diesem Moment gegenübersaß und für die Notiz verantwortlich war, seine Ärmel ebenso hochgekrempelt hatte. Gleiches Recht für alle? Fehlanzeige!

Für mich fühlte sich das Ganze nach einer unnötigen und unverhältnismäßigen Schikane an, also legte ich Veto ein: »An dem Tag war es ziemlich heiß, und einige Kollegen hatten die Ärmel hochgekrempelt. Ich bin mit der Notiz nicht einverstanden.«

Der Gruppenführer entgegnete in preußischer Manier, die keine Widerrede duldet: »Es war nicht angeordnet, die Ärmel hochzukrempeln.«

Ich erwiderte daraufhin etwas schnippisch: »Ist es denn heute angeordnet? Du hast doch deine Ärmel heute auch hochgekrempelt.«

Der Gruppenführer sollte das letzte Wort haben: »Nein, es ist nicht angeordnet. Wenn du etwas dagegen hast, musst du dich an den Zugführer wenden, der ist mein Erstbeurteiler.« Naja - Das kommt halt von oben.

Ich dachte mir nur meinen Teil und unterschrieb den Wisch. Mannomann! Hierbei dachte ich an einen der letzten Einsätze zurück, als ein Störer (das Gegenüber im Gefahrenabwehrrecht bei Demonstrationen) davonlief und in einen Teich sprang, um sich der Kontrolle zu entziehen. Unsere Gruppe stellte sich um den Teich, denn irgendwann würde der schon wieder herauskommen. Eben dieser Gruppenführer fasste sich aber ein Herz und sprang in den Teich, um ihn herauszubringen. Statt geduldig darauf zu hoffen, dass der Störer zur Frostbeule wurde, durfte meine Gruppe nach der Aufnahme der Personalien wieder zum Einsatzgeschehen zurück und die Kollegen unterstützen, während sich der Gruppenführer erst mal abtrocknen musste.

Ich konnte nur hoffen, dass er für seinen herausragenden Einsatz eine positive Beurteilungsnotiz bekommen hatte und nicht dafür getadelt wurde, dass er zuwider irgendeiner Anweisung gehandelt hatte. Noch heute muss ich darüber schmunzeln.

Mitte der 90er Jahre traf das Bundesland eine Entscheidung, die wir schon bald in unserem Arbeitsalltag zu spüren bekommen sollten. Zukünftig sollte es nur noch eine zweigeteilte Laufbahn bei der Polizei geben: den gehobenen und den mittleren Dienst, dem ich bis dato angehörte. Ein Teil unseres Einsatzzuges wurde auf andere Dienststellen versetzt, und unser Zug wurde mit den frischgebackenen Kommissaren und Kommissarinnen aufgefüllt. Gut ausgebildete, junge dynamische Leute. Das kann doch wohl kein Problem sein, oder?

Leider gab es immer wieder Probleme, da einige Kolleginnen und Kollegen – ganz gleich, wie erfahren oder kenntnisreich sie waren oder nicht – einen gewissen Führungsanspruch an den Tag legten, obwohl sie genauso Einsatzbeamte waren wie wir. Für mich schien es, als ob die Polizei aufgrund dieses politischen Schrittes zu einer Art Zwei-Klassen-Gesellschaft verkommen war. Die Kameradschaft war nach meinem Empfinden im Keller, und die neuen Kollegen und Kolleginnen trugen stark dazu bei. Ich hatte das Gefühl, hier weg zu müssen. Also bewarb ich mich auf eine Dienststelle kurz vor Hamburg. Es gab viele Gründe, die gegen diese Dienststelle sprachen, zu der eigentlich auch niemand wollte. Unter Anderem waren die Lebenshaltungskosten wegen der Nähe zur Großstadt hoch.

Es gab eine ständige Fluktuation, und es hielt sich das Gerücht, dass niemand dort gerne seinen Dienst versah. Die Dienststelle war klein, hatte aber einen eigenen Streifen- und Ermittlungsdienst. Der Streifendienst wurde im Schichtdienst durchgeführt.

Die Alternative war Hannover. Dort stand die Expo kurz vor der Eröffnung. Nee danke. Auch wenn ich gebürtiger Hannoveraner bin, hatte ich keinen Bock auf Hannover. Einmal dort gelandet, war nur schlecht wieder wegzukommen, und die Eröffnung der Weltausstellung würde die kommenden Monate dort nicht angenehmer machen.

Ich wohnte zu der Zeit in Lüneburg, und von dort war die Dienststelle am Rande Hamburgs schnell zu erreichen. So klang diese dienstliche Umorientierung erst einmal nach einer guten Zwischenlösung. Wir schrieben das Jahr 1999, und ich war gerade einmal 23 Jahre alt.

Ich kam in die 1. Dienstabteilung - eine kleine Truppe. Alle Kollegen dort kamen aus dem mittleren Dienst, es war eine junge, gut gemischte Truppe. Unser Dienstabteilungsleiter war Hauptkommissar, bereits etwas älter, aber ein ruhiger und netter Typ. Er begrüßte mich herzlich und freute sich auf die Zusammenarbeit. Auch die anderen Kollegen nahmen mich sofort sehr gut auf, obwohl seitens meiner alten Dienststelle dafür gesorgt wurde, dass mir mein Ruf vorauseilte. Der mit den hochgekrempelten Ärmeln halt.

Dann war da noch Kalle. Ein älterer Kollege, der bereits Kommissar war, wofür er vor Kurzem einen Halbjahreslehrgang besucht hatte. Ursprünglich entstammte er auch dem mittleren Dienst, und so waren von ihm wenigstens keine Star-Allüren zu erwarten.

Nach einiger Zeit bemerkte ich, dass die anderen jungen Kollegen ein Problem mit Kalle hatten und sich davor scheuten, mit ihm rauszufahren. Deshalb kam es häufig vor, dass Kalle alleine Streife fuhr. Das tat er auch in den Nachtdiensten, was natürlich unserem Dienstabteilungsleiter wegen der fehlenden Eigensicherung missfiel. So kam es dazu, dass ich Kalle zugeteilt wurde. Meine gleichaltrigen Kollegen gaben mir viele gutgemeinte Ratschläge mit auf den Weg, die mir im Umgang mit dem »Sonderling« helfen sollten.

Je länger ich mit Kalle ein Team bildete, umso mehr schätze ich ihn und umso mehr Spaß machte es mir, mit ihm rauszufahren. Die Bedenken der anderen waren nicht völlig aus der Luft gegriffen. Er hatte seine Eigenarten, mit denen andere Kollegen nicht klarkamen, aber haben wir die nicht alle? Ich für meinen Teil konnte bei ihm viel lernen und empfand es als Bereicherung, seine Arbeitsweise zu erleben, mit der ich übereinstimmte.

Menschlich gesehen war Kalle der totale Brummkopf und besaß einen trockenen Humor, der manche irritiert haben mag. Ich hingegen lachte immer gerne viel und herzlich. Es war beeindruckend mitzuerleben, wie es ihm gelang, Situationen mit seinem Humor zu lösen und zu entschärfen.

Wie so viele Polizeibeamte war er ein Pedant. Er hatte feste Pausenzeiten, die er nach Möglichkeit genau einhielt. Er tat sein Bestes, um mir den großen Revierbereich möglichst gut nahezubringen. Sein Steckenpferd waren Standkontrollen, also Kontrollen, die mit abgestelltem Fahrzeug durchgeführt wurden. Er hatte über die Jahre ein gutes Gespür entwickelt, was uns auch viele Erfolge einbrachte. Regelmäßig gelang es uns, Leute unter Alkoholeinfluss aus dem Straßenverkehr zu ziehen. Dabei kam es für uns allerdings nicht infrage, den Leuten vor den Kneipen aufzulauern. Alle hatten das Recht, fair behandelt zu werden. Besonders gut gefiel mir, dass Kalle so geradlinig war, dass er zum Beispiel auf der Anfahrt zum Einsatzort immer direkt absprach, wer den Sachverhalt aufnehmen sollte. Er hielt sich grundsätzlich aus der Aufnahme der Dinge heraus. Wenn ich ihn jedoch bat, das und das bitte zu übernehmen, konnte ich mich zu 100 Prozent darauf verlassen, dass dies immer gründlich erfolgte. Es war die Art Verlässlichkeit, die man sich von seinem Partner wünschte.

Nur wenn ich mir einmal rechtlich nicht sicher war, griff er auch regulierend ein. Er hätte mich niemals auflaufen lassen. Fotografieren - damals noch analog - war ein weiteres Spezialgebiet Kalles. Auch hier zeigte er mir im Dienst eine Menge. Wenn er das Fahrzeug übernommen hatte, konnte ich mich darauf verlassen, dass alle Ausrüstung an Bord war, was leider bei anderen Kollegen nicht immer der Fall war. Wenn er der Fahrer war, dann war er der Fahrer. Wenn er auf dem Beifahrersitz saß, war er der Funker.

Einmal brach ich das ungeschriebene Gesetz, das anfangs auch Thema vieler Ratschläge meiner anderen Kollegen über Kalle gewesen war. Ich nahm als Fahrer einen Funkspruch von der Leitstelle entgegen. Kalle sagte zunächst nichts. Erst als wir später mehrfach gerufen wurden und er nicht reagierte, sagte ich zu ihm: »Ey Kalle, wir werden gerufen.« Er machte keine Anstalten ranzugehen, zog nur eine Augenbraue hoch und brummte in seiner typischen Art: »Du bist vorhin an den Funk gegangen. Jetzt bist du Funker und Fahrer.«

Da musste ich jetzt wohl durch. Jetzt war ich Funker und gleichzeitig Fahrer. Es ist eine Episode, an die ich mich noch heute gerne zurückerinnere, besonders wenn ich mir vorstelle, dass solche kleinen Lappalien der Grund waren, warum andere Kollegen nicht mit Kalle fahren wollten. Lächerlich! Es war eine Kleinigkeit, die ich ihm gerne verzieh, schließlich sollte ich es ja auch besser wissen. Ich habe viel bei Kalle gelernt und wusste immer, dass ich mich in allen Situationen absolut auf ihn verlassen konnte.

Jeder Mensch hat seine Macken, nur wurden ihm seine von den anderen anscheinend weniger verziehen. Mit seiner kantigen Art eckte er auch immer wieder bei Vorgesetzten an. Wie Kalle hatte ich mir angewöhnt, bei Beschwerden von Bürgern stets einfach bei der Wahrheit zu bleiben, auch wenn sie einmal zum eigenen Nachteil ausfallen sollte. Genauso war Kalle auch. Das imponierte mir stets sehr.

Unser erster Dienststellenleiter sah das anders und haute lieber bei einer Beschwerde und ehrlichen Antwort nochmal oben drauf. Er zog die Lüge, die den Schein wahrte, der Wahrheit vor, mit der man hätte arbeiten können. Ich machte den Kollegen keinen Vorwurf, dass sie meistens den Weg des geringeren Widerstandes gingen, aber ich sah nicht ein, dass ich den auch gehen und für die Arbeit die Unwahrheit sagen sollte. So wurde ich nicht erzogen, und schließlich heißt es doch auch, dass Ehrlichkeit am längsten währt. Oder stammt das Sprichwort aus alten Zeiten und hat keine Bedeutung mehr?

Unserem nächsten Dienststellenleiter eilte der Ruf voraus, dass er ein harter Hund sei, der wenig toleriere. Nachdem ich ihn kennengelernt und mir eine eigene Meinung gebildet hatte, konnte ich sagen, dass mir an ihm besonders gefiel, dass er jede Schicht auf die Wache kam, um Dinge anzusprechen, die zuvor gut oder schlecht gelaufen waren. Daraus konnten wir als Team wachsen, und die Geschehnisse waren so frisch, dass wir uns noch in sie hineinversetzen konnten. Letztendlich überwog ja auch die positive Rückmeldung, aber es war wichtig, sich so mit möglicher Kritik auseinanderzusetzen.

Ganz zu Anfang seiner Amtszeit bei uns hatte sich gleich jemand über mich beschwert. Ich weiß heute gar nicht mehr konkret, worum es ging, aber es muss eine

Lappalie jener Größenordnung gewesen sein, der trotzdem »nachgegangen« werden musste. Wir wurden über Funk hereingerufen, ich musste beim Chef vorstellig werden und nahm vorsorglich unseren Leiter Einsatz- und Streifendienst, also meinen Dienstvorgesetzten, mit. Das war Ottmar, total in Ordnung und ein ehrlicher Typ. Er kannte mich ja nun schon länger, und wir hatten noch nie Probleme gehabt.

Wir also rein zum Chef, der mir die Beschwerde gegen mich erläuterte. Ich hörte ihm zu und nickte ab. Genauso war es gewesen, und ich war mir meines Fehlers bewusst, aber es sei nun mal nicht mehr rückgängig zu machen. Ich hatte auch bereits im Gespräch mit dem Bürger versucht, den Sachverhalt zu erklären, und hatte meinen Fehler ihm gegenüber eingestanden. Nach dem ordnungsgemäßen »Anschiss« sollte ich das Büro verlassen, aber Ottmar musste noch beim Chef bleiben.

Er berichtete mir später, dass der Chef ihn gefragt habe, ob Herr Koch immer so ehrlich sei. Ja, der Kochi sei immer so. Ab da hatte ich bei dem Chef einen Stein im Brett. Natürlich bekam ich nichtsdestotrotz meinen Tadel weg, wenn etwas bei den Einsätzen schlecht gelaufen war, aber unsere Kommunikationsebene war jetzt eine ganz andere. Wir konnten uns die Formalia der Kommunikation sparen und Dinge direkt ansprechen, und das Zwischenmenschliche passte. Er war wirklich ein klasse Vorgesetzter, wie ich ihn nicht wieder bekommen sollte.

Ein halbes Jahr nach meinem Einstand auf der »berüchtigten« Dienststelle wurde ich – noch unter der Führung des ersten Dienststellenleiters – zu einer Feier meines ehemaligen Einsatzzuges eingeladen. Während der Mittagspause kam ich in ein Gruppenzimmer der Bereitschaftspolizei, die zwar spartanisch, aber im Rahmen der Möglichkeiten immer wohnlich eingerichtet waren. Im vorderen Bereich standen Spinde und Tische mit Stühlen, und sogar ein Fernseher hatte seinen Platz gefunden. Hinten im Raum standen die Etagenbetten. In einem solchen Zimmer konnten sechs Leute untergebracht werden.

Es waren ein paar Kollegen anwesend, die sich vom Sport am Vormittag erholten und miteinander quatschten. Am heutigen Tag sollte ein »Neuer« diese Gruppe auffüllen. Nachdem ich bereits einige Minuten anwesend war und mich an den allgemeinen Gesprächen und dem Müßiggang beteiligte, ging die Tür auf und ein Kollege betrat vollbeladen den Raum. Er beachtete uns gar nicht, unternahm auch keine Versuche, Kontakt aufzunehmen, und so führten wir unsere Gespräche fort, während er einige Sachen abstellte, anfing, seinen Spind zu bestücken, und schließlich ein Paar Stiefel vor dem Spind auf den Boden stellte.

Er räusperte sich und sagte umständlich: »'Tschuldigung, darf ich mal kurz stören?« Wir dachten, dass nun wohl die Vorstellung käme, die wir alle anfangs erwartet hatten, und hielten in unserem Gesabbel inne.

»Ich merke schon, dass das hier eine witzige Runde ist.«, fuhr er fort. »Wenn Ihr nicht wisst, was Ihr machen sollt, könnt Ihr meine Stiefel putzen.« Er drehte sich um, verließ den Raum und ließ uns alle baff zurück. Stille. Wir schauten einander an und dachten, dass das nicht wahr sein konnte. Hatten wir das gerade richtig verstanden oder war das ein Tagtraum? Selbst Toni und Manne, zwei der schlagfertigsten Kollegen, waren sprachlos, bis es aus Manne hervorbrach: »Sagt mal, hat der das gerade ernst gemeint? Der tickt doch wohl nicht ganz richtig!«

Ich selbst hatte nur die Antrittsrede des neuen Kollegen mitbekommen, weil ich mich im hinteren Teil des Raumes mit anderen Kollegen unterhalten hatte. Manne und Toni regten sich tierisch auf und nutzten die Chance, als ein Gruppenführer kurz darauf den Raum betrat, um ihm von dem Vorfall zu berichten. Dieser erwiderte nur, dass wir das selbst zu regeln hätten.

So warteten wir, bis der Neue sich wieder sehen ließ, um ihn zur Rede zur stellen, aber er kam an diesem Tag nicht wieder. Klären konnten wir das am selbigen Tag aber doch noch, und der Kollege wird sich gewundert haben, dass sein Schloss an seinem Kleiderspind auf dem Kopf hing, als er am nächsten Tag wiederkam. Nach dieser Episode wechselte er freiwillig in einen anderen Zug. Von dem Vorgesetzten fühlten wir uns gegenüber diesem größenwahnsinnig anmutenden Kollegen aus dem gehobenen Dienst schlecht unterstützt.

Ich habe keine Ahnung, was den Leuten im Studium so über den Umgang mit dem mittleren Dienst erzählt wurde, aber irgendwie hatten sie stets einen gewissen Führungsanspruch uns gegenüber, den sie dazu auch noch unverblümt zur Schau stellten. Vorher hatten wir eigentlich immer ein kameradschaftliches Verhältnis untereinander gehabt, doch dieses ging meiner Einschätzung nach in eben jenen Jahren verloren. Je mehr Leute unseren Einsatzzug verließen und zu anderen Dienststellen gingen, desto mehr litt die Kameradschaft. Ich hatte also genau zum richtigen Zeitpunkt den Absprung geschafft ...

Heute pflege ich zu eben diesem Kollegen ein freundschaftliches Verhältnis und war mit ihm sogar einige Wochen zur Flutopferhilfe im Ahrtal. Als ich ihm von dem Vorfall erzählte, entgegnete er mir, dass er der betreffende Kollege gewesen sei. Er habe mit der Äußerung einen Kollegen gemeint, den er bereits aus dem Studium kannte. Okay, heute glaube ich ihm das sogar. Auch er hat heute sein Laster mit den Veränderungen innerhalb der Polizei zu tragen.

Auf meiner neuen Dienststelle wurde ich schließlich vom Polizeimeister zum Obermeister befördert. Stolz berichtete ich meiner Mutter davon, die sich zu dieser Zeit wegen einer immer wieder aufflackernden Krebserkrankung in Hamburg im Krankenhaus befand. Ich hoffte sehr, ihr mit dieser frohen Nachricht etwas mehr Kraft und Positivität zu vermitteln. Seit nunmehr zehn Jahren suchte die Krankheit meine Mutter immer wieder heim, was mir sehr zu schaffen machte. Oft gab ich mir die Schuld dafür, schließlich hatte ich meinen Eltern über all die Jahre immer wieder einiges an Kummer bereitet.

Anfang des Jahres 2002 musste jemand aus unserer Schicht ein anderes Polizeikommissariat in unserem Revierbereich unterstützen. Das Ganze sollte einige Monate dauern, und als ich auf die Möglichkeit angesprochen wurde, zögerte ich nicht lange und nahm die Chance wahr, dort meinen Dienst zu versehen, da ich wegen meines Zappelphilipp-Daseins über jede Abwechslung und über jede Möglichkeit eines Tapetenwechsels froh war. Für die Zeit der Unterstützung bekam ich eine Wohnung gestellt.

Hier lernte ich zum ersten Mal den Ermittlungsbereich der Polizeiarbeit kennen. Dabei musste ich die Vorgänge, die in unsere Zuständigkeit fielen, auch selbst bearbeiten. In erster Linie waren es kleinere Einbruchsdelikte, die es abzuarbeiten galt, und so half ich weitergehend ab und an in der Jugendsachbearbeitung aus. Auf dieser Dienststelle hatte ich zum ersten Mal, seit ich Polizist war, keinen Schichtdienst oder Einsätze, die sich nicht um die Arbeitszeiten scherten. Jetzt erst merkte ich, wie sehr mir die Nachtschichten über all die Jahre zu schaffen gemacht hatten, denn es fiel mir immer schwer, nach erlebnisreichen Schichten in den Schlaf zu finden, und so war ich häufig bis zum nächsten Dienst wach.

Ich hängte mich richtig rein und wurde am Ende meiner dortigen Zeit mit einer guten Beurteilungsnotiz belohnt, die sich auch in meiner nächsten Beurteilung widerspiegelte.

Auf meiner eigentlichen Dienststelle, die ich für die Unterstützung der jetzigen verlassen hatte, wurde der Posten der Kriminaltechnik im Ermittlungsdienst frei. Für diesen Bereich hatte ich mich schon immer interessiert, und so bewarb ich mich für den Posten. Ich fand es spannend, mir Tatorte anzuschauen, mir methodisch vorzustellen, wie die Täter vorgegangen sein mussten. Es machte Spaß und war befriedigend, mit der Spurensuche und -sicherung zur Klärung des Falls beizutragen. Da kamen natürlich nicht nur Kriminalfälle zum Tragen, sondern auch schwere Verkehrsunfälle.

Meine dank Kalle angeeignete Affinität für die Fotografie und seine korrekten Lehrstunden im Bereich Spurensuche kamen mir da sehr zugute. Kurzum, ich hatte die Stelle. Ich glaube, Kalle war etwas traurig darüber, dass es mit meinem Weggang aus dem Einsatz- und Streifendienst unser Team nicht mehr geben würde, aber natürlich hätte der Brummbär das niemals zugegeben.

Das Beste an dieser Tätigkeit war, dass ich, obwohl ich allein arbeitete, zu fast allen Kollegen und Kolleginnen regelmäßig Kontakt hatte. Die Kriminaltechnik war der Knoten inmitten des Netzes der Polizeiarbeit. Alle Sachverhalte, die mit Spuren zu tun hatten, landeten bei mir auf dem Schreibtisch, und oft genug ergaben sich Rückfragen aus der Aktenlage, die mich in Kontakt mit dem ganzen Kommissariat brachten. Bevor ich meine Arbeit aufnahm, hatte ich mir vorgenommen, dass ich an meiner Stelle die ewigen Rivalitäten zwischen Kriminal- und Schutzpolizei ausblenden und nichts zu diesem Grabenkampf beitragen wollte.

Die Frage, wer denn die »wahre« Polizei sei, flackerte zu dieser Zeit polizeiintern immer mal wieder auf. Die ehemals relativ getrennten Tätigkeitsfelder hatten sich mittlerweile vermengt und ich wusste selbst, wie nervig es war, wenn aus dem Ermittlungsdienst Beschwerden kamen oder wenn ein Einsatz nicht im Sinne des jeweiligen Sacharbeiters dokumentiert wurde. Ich wollte mit den Leuten vernünftig über mögliche Probleme reden, anstatt mich dem Status quo zu beugen und für jeden Kram zum Vorgesetzten zu laufen.

Als vorbereitenden Lehrgang bekam ich eine Unterweisung bei der Kriminaltechnik der nächstgrößeren Dienststelle. Es war aufregend und machte mir viel Spaß, mehr über diesen neuen, mir relativ unbekannten Aspekt der Polizeiarbeit zu lernen. Während der Unterweisung arbeitete ich mich bereits auf meiner Dienststelle ein, indem ich die ersten Spuren unserer Fälle sicherte oder erkennungsdienstliche Behandlungen durchführte. Ich hatte den Eindruck, dass ich auf meine kommenden Aufgaben gut vorbereitet wurde, aber letztlich sollte es nicht dazu kommen.

Ich befand mich gerade im Büro der Kriminaltechnik auf der Nachbardienststelle, als das Telefon klingelte. Mein Dienststellenleiter war in der Leitung.

»Hallo, Herr Koch, hier ist Herr Dettmeier, ich habe eine gute Nachricht für Sie.«

Ich dachte: Na, was kommt nun?

»Sie sollen zum Immaturen-Kurs nach Braunschweig und im Anschluss das Studium für den gehobenen Dienst absolvieren. Ihre Leistungspunkte haben das ergeben.«

Meine Freude hielt sich in Grenzen: »Herr Dettmeier, ich habe doch gerade meine Stelle gefunden, die mir richtig Spaß macht. Komme ich denn im Anschluss wieder auf diesen Posten? Diese Chance bekomme ich nicht wieder.«

»Herr Koch, vorgesehen ist das, versprechen kann ich es Ihnen aber nicht. Zunächst bleibt Ihr Posten von Ihnen besetzt.«

Zu diesem Zeitpunkt war mir bereits klar, dass sich das nicht wieder ergeben würde. Aber was sollte ich machen? Das kam ja von oben.

Zunächst musste ich nach Braunschweig, um dort meine Hochschulzugangsberechtigung in Form einer Immaturenprüfung zu erlangen. Das sollte drei Monate dauern, aber immerhin ging es bei dieser nur um das Bestehen, und die Benotung war unwichtig. Ein Lichtblick war, dass ich meinen alten Kollegen Michael wiedertraf, zu dem ich über die vergangenen Jahre regen Kontakt gepflegt hatte. Gemeinsam bezogen wir eine Wohnung in Braunschweig und ließen alte Zeiten aufleben.

Eine Kernaufgabe während dieser drei Monate war das Verfassen einer Hausarbeit, die am Ende auch präsentiert werden sollte. Meine Hausarbeit war eine Gegenüberstellung und Analyse der Berichterstattung der Hauptnachrichten der öffentlich-rechtlichen Rundfunkanstalten und privaten Sender. Ich kam zu dem wenig überraschenden Fazit, dass die Privatsender Informationen und Entertainment miteinander zu einer Art »Infotainment« vermischten, während die öffentlich-rechtlichen, dem Rundfunkstaatsvertrag folgend, sich um eine »objektive« Berichterstattung bemühten. Seriös arbeitende Medien, als vierte Gewalt im Staate, die die anderen drei Gewalten in der richtigen Spur halten. Zu dieser Zeit konnte ich noch nicht ahnen, dass ich diese Auffassung eines Tages kritisch hinterfragen würde.

Nach erfolgreicher Prüfung wurde ich für das Studium zugelassen. Bis zum Start dauerte es noch einige Zeit. Ich konnte also erst einmal weiter in der Kriminaltechnik arbeiten.

Das Studium

Im April 2004 ging das Studium für mich los, das mich von einer Tätigkeit in der Kriminaltechnik fortriss, die ich gerne noch länger so ausgeübt hätte. Vor mir lagen sechs Semester an der Fachhochschule für Verwaltung und Rechtspflege, Fachrichtung Polizei, in Oldenburg. Die teilnehmenden Kollegen im Studium waren zum einen Aufsteiger – also Leute wie ich, die einen Laufbahnwechsel anstrebten – und zum anderen absolute Neulinge, die gemäß der Reform des Polizeiwesens mit diesem Studium ihren Weg in den gehobenen Dienst einschlugen. So hatte ich einen gewissen Wissensvorsprung gegenüber den zukünftigen Kollegen und konnte das Studium mit einem Praxis-Semester beginnen, das ich auf meiner Stamm-Dienststelle absolvierte, um den Kontakt zu den Kollegen dort nicht zu verlieren.

Im Oktober begann das erste Theoriesemester. Unsere Studiengruppe bestand zur Hälfte aus Aufsteigern und zur anderen Hälfte aus jenen Kollegen, die das erste Semester Grundstudium wiederholen mussten. Es waren zumeist junge Leute, und mit knapp 30 Jahren gehörte ich schon fast zum alten Eisen. Michael war auch wieder mit von der Partie, und so wollten wir uns gemeinsam durch die Theoriesemester schlagen. Der Stoff war relativ schwierig und erschien nach all den praktischen Arbeitsjahren etwas ungewohnt, ließ sich aber durchaus meistern. Ich musste mich nur etwas umgewöhnen, da einige Dinge im alltäglichen Dienst anders gehandhabt wurden. Theorie und Praxis halt.

Womit ich dagegen gar nicht zurechtkam, war die Einstellung der Kollegen und Kolleginnen um mich herum, die das Grundstudium in diesem Wintersemester wiederholen mussten. Man würde meinen, dass ein Durchfallen durch die Prüfung sie aufgerüttelt hätte, aber das Gegenteil schien der Fall zu sein. Sie legten eine Hallodri-Einstellung an den Tag, die sich in den Vorlesungen und Seminaren daran zeigte, dass sie in der Regel zu spät kamen, am Handy herum daddelten und auch sonst jegliche Ernsthaftigkeit vermissen ließen.

Eines Morgens kam einer dieser Spezialisten Kaffee schlürfend eine halbe Stunde nach Seminarbeginn in den Saal und entschuldigte sich salopp beim Dozenten. Er habe sein Kind noch wegbringen müssen, aber für den Besuch beim Bäcker war offenbar noch genug Zeit gewesen. Mannomann. Die Tage, an denen solche Vorfälle ausblieben, sollten die Ausnahme bleiben.

Irgendwann sprachen wir den Dozenten, von der Regelmäßigkeit der Vorkommnisse genervt, darauf an. Seine Antwort: »Das ist doch hier Erwachsenenbildung, und jeder ist für sich selbst verantwortlich.« Ah, okay. An einer Hochschule hätte ich dieser Argumentation folgen können, allerdings wurden diese Pappenheimer dafür bezahlt, hier täglich zu erscheinen und ihr Soll zu erfüllen. Letztlich war es nichts anderes als eine Polizeiausbildung mit einem tiefer schürfenden Theorieanteil. Alter Wein in neuen Schläuchen. Langsam begann ich zu verstehen, warum Pünktlichkeit und andere Tugenden bei manchen Kollegen keine allzu große Priorität besaßen. Erwachsenenbildung halt.

Generell schien es mir so, als ob dem Schein und der Publikumswirksamkeit eine besondere Rolle zugemessen wurde. Es wurde gerne vom »Campus« gesprochen, dabei hatte man der Fachhochschule einfach ein paar schnöde Gebäude auf der Liegenschaft der Bereitschaftspolizei zugewiesen. Bei Einsätzen mit der Bereitschaftspolizei war ich in solchen Kasernen häufig einquartiert gewesen, in denen jetzt »akademisches Flair« herrschen sollte.

Im Grunde genommen waren, bis auf wenige Ausnahmen, alle unsere Dozenten »normale« Polizeibeamte, aber die Lehrtätigkeit schien manchen Kollegen zu Kopf zu steigen. Ich erinnere mich noch an unseren Dozenten fürs Strafrecht, der das erste Staatsexamen innehatte. Es gefiel ihm, sich als großer Strafrechtsexperte zu gebaren, und nicht selten fiel die Stoffvermittlung seinem eigenen Selbstdarstellungstrieb zum Opfer. Ich hätte mir ein wenig mehr Bodenständigkeit gewünscht.

Der Geist der Erwachsenenbildung und der Eigenverantwortlichkeit war auch beim Thema Sport deutlich zu spüren. Einige Kollegen waren nicht einmal in der Lage, 5.000 Meter in unter 30 Minuten zu laufen. Was für Luftpumpen! Ein paar Wochen vorher mit dem Laufen anfangen, und dann passt das, das ist kein Hexenwerk. Vielleicht ist es aber auch ein Zeichen dafür, welche laschen Werte inzwischen bei den Einstellungstests galten. Wenn ich zurückdenke, hat es mir in meinen jungen Jahren eigentlich ganz gutgetan, dass mir ein gewisser Teil Eigenverantwortung in einigen Bereichen der Ausbildung abgenommen wurde, wobei ich sicherlich nicht vom Autofahren in meinem ersten Praxisjahr spreche.

Einige der Vorkommnisse waren Lappalien, die mich aber trotzdem störten. Zu dieser Zeit fand gerade der Wechsel von grüne auf blaue Uniformen statt. Eines Vormittags traute ich meinen Augen nicht, als die Kollegen zur Waffenhandhabung in gemischten Uniformteilen erschienen.

Eine buntgescheckte Truppe. Wie sollen diese jungen Menschen in ihrer Vorbereitung auf fast 40 Jahre Dienstalltag ein Verständnis für das Einheitsgefühl und Erscheinungsbild der Polizei entwickeln?

Anderes hingegen fand ich tatsächlich bedenklich. In meiner Ausbildung damals hatte die Sicherheit bei der Waffenhandhabung an erster Stelle gestanden. Zuerst wurde der Umgang mit der Waffe »im Trockenen« bis zum Erbrechen geübt; dann galten beim Schießen sehr strikte Regeln bezüglich der Sicherheit. Die meisten von uns waren gerade erst um die 17 Jahre alt. Die Kollegen hier waren zwar ein wenig älter und möglicherweise wegen ihres bisherigen Lebenswegs auch ein wenig reifer, aber die »Eigenverantwortung« hat bei diesem Thema einfach nichts zu suchen. Während des Studiums wurde bei der Schießausbildung nicht selten mit geladener Waffe herumgelatscht, und ein Loch im Schrank eines Aufenthaltsraumes erzählt die Anekdote, wie einem Kollegen bei Zielübungen im Warteraum ein Schuss losging, weil er vergessen hatte, dass seine Waffe noch immer geladen war. Es war nicht das einzige Einschussloch in dem Raum. So etwas darf nicht passieren.

Die Quittung bekamen viele der Wiederholer am Ende des Grundstudiums. Der Weg bei der Polizei war hier zu Ende.

Ich war froh, dass ich wieder auf meine Dienststelle durfte und erst einmal wieder ein wenig »normale« Luft atmen konnte. Allerdings war ich ein wenig enttäuscht darüber, dass meine geliebte Stelle in der Kriminaltechnik mit einer Angestellten besetzt worden war, aber schließlich war ich ja noch im Studium, und jemand musste den Job für die Kollegen erledigen. Ich hoffte nur, dass ich wieder zurückkehren konnte ...

Die nächsten beiden Jahre bis zum Ende des Abschlussstudiums waren im Großen und Ganzen ganz okay. Natürlich hatte das »Studentenleben« auch angenehme Seiten, konnten aber nicht über einige Dinge hinwegtäuschen, die schiefliefen und doch irritierenderweise stillschweigend toleriert wurden.

So begab es sich am Abend vor der Abschlussklausur, dass Michael und ich nach einem Abend in der Kantine, um den Kopf freizukriegen, über das Gelände in Richtung unserer Bude gingen. Unser Weg führte uns am Dozentenzimmer vorbei, vor dem merkwürdigerweise um diese Uhrzeit ein Kollege saß. Er hatte die Kapuze seines schwarzen Pullovers weit ins Gesicht gezogen, drehte sich weg als wir näherkamen, und hatte einige Male lautstark, aber doch recht gekünstelt gehustet. In dem Gebäudeteil, das zu dieser Zeit eigentlich unbesetzt war und in dem die Entwürfe der Klausuren aufbewahrt wurden, hörten wir Geräusche: Laufschritte und eine Tür, die unsanft aufgestoßen wurde.

Michael und mir war sofort klar, was los war. An der Tür zum Studiensekretariat waren frische Hebelspuren zu sehen, und wir konnten sogar die beiden Personen weglaufen sehen. Auch der unter dem schweren Husten leidende Kollege war kein unbeschriebenes Blatt für uns und plötzlich verschwunden. Wir riefen die Kollegen an, die nur eine kurze Anfahrt hatten, um den Fall aufzunehmen. Ein von zukünftigen Polizeibeamten versuchter Einbruch während eines Polizeistudiums! Das muss man sich erst einmal auf der Zunge zergehen lassen.

Als Dankeschön durften wir alle am nächsten Tag den Drittvorschlag der Klausur schreiben und am Nachmittag noch zur Vernehmung auf die örtliche Dienststelle. Wie nett. Ich hätte mir gewünscht, die drei Experten wären hochkant rausgeflogen. In meiner Grundausbildung wäre da nicht lange gefackelt worden. Die drei durften bleiben ... Was aus ihnen geworden ist? Keine Ahnung. Ich für meinen Teil hätte ihnen jegliche Eignung für den Beruf des Polizeibeamten abgesprochen.

Während mir der versuchte Einbruch einen Einblick über die Einstellung dieser drei Polizeischüler gewährte, gab es für mich noch mehr Aufschluss über die Polizei an sich, dass ein solches Vergehen nicht entsprechend geahndet wurde.

Als wir die Abschlussklausuren zurückbekamen, war ich baff. Diese hatten eine ziemlich hohe Wertung für die Gesamtnote. Ich hatte bis dahin in allen Semestern gute Noten geschrieben; bei den bisherigen fünf Klausuren waren nur zwei mit 8 und 10 Punkten dabei gewesen, die anderen drei hatten über 11 Punkten gelegen.

In zwei Fächern wurde jeder Anwärter bei den Abschlussprüfungen mündlich geprüft. Diese mündlichen

Prüfungen wurden gewissermaßen zufällig gewählt. Ärgerlich war, dass bei mir ausgerechnet materielles Recht auf der Prüfzulassung stand. Eigentlich eines meiner Paradefächer, doch das Fach hatte es in sich. Ich war mit dem Gefühl im Studium nicht allein, dass die Messlatte für dieses Fach einfach sehr hoch lag und der Arbeitsaufwand wohl doppelt so hoch war wie für die anderen Fächer. Da ich vor der mündlichen Prüfung knapp unter 11 Punkten lag, hatte ich noch die Chance, mit der Benotung „Gut" das Studium zu beenden.

Am Tag der mündlichen Prüfung erschien ich im feinen Zwirn; ich hatte meinen »Hausanzug« mit neu bestellter Uniformjacke bereitgelegt, und so erschienen wir in aufgetakelten 5er-Gruppen in der »Höhle des Löwen«, in der der Prüfungsausschuss Quartier bezogen hatte. Mann oh Mann, war ich nervös. Ich musste über mich selbst schmunzeln. Sonst immer große Klappe, und jetzt fühlte ich mich, als würde ich zu meiner eigenen Hinrichtung geführt, aber mündlich vor mehreren erfahrenen Kollegen war doch noch einmal etwas anderes, als »anonym« die Blätter vollzukritzeln.

Ich wusste, dass es wirklich nicht vielen gelang, das Studium mit einem »Gut« zu beenden, und so machte mich der Druck, genau das mit einer beeindruckenden Vorstellung hier zu schaffen, besonders nervös. Auch Michael hatte diese Chance. Er sagte noch am Abend vor der Prüfung zu mir: »Ey, Kochi, wenn du es nicht schaffst, wer sonst. Du bist das ganze Studium richtig geil aufgelegt gewesen und hast richtig was drauf. Wenn ich dich nicht gehabt hätte, wäre ich niemals so gut gewesen. Viele Dinge, die ich nicht verstanden habe, hast du mir erklärt. Du wirst das schon schaukeln.«

Die Prüfung fing an. Erst einmal wurden die anderen Teilnehmer meiner kleinen Gruppe geprüft, die Zeit verging zäh wie Kaugummi, aber dann war ich endlich an der Reihe. Der Sachverhalt, den ich zur Aufgabe bekommen hatte, war tückisch. Soweit ich mich erinnere, musste ich zwischen Raub und räuberischen Diebstahl abgrenzen. Dabei spielten jedoch auch Täterschaft und andere Delikte in Tateinheit und Tatmehrheit eine Rolle. Dann gab es da ja noch die herrschende und die Mindermeinungen. Oh Mann, das war schon verdammt verzwickt.

Tatsächlich ist mir von der gesamten Abschlussprüfung nur dieser besonders komplexe Sachverhalt in Erinnerung geblieben, die Aufgabenstellungen der anderen Fächer sind dem Vergessen zum Opfer gefallen.

Nach der Prüfung mussten wir vor dem Raum warten. Der große Druck war mit dem Gespräch von uns allen abgefallen, aber jetzt ging das bange Hoffen los, und alle gingen im Kopf immer wieder den Verlauf des Gesprächs durch. Ich weiß noch, dass ein Dozent zu uns auf den Flur kam und zu mir sagte: »Na, Herr Koch, da hätten Sie ja auch ein bisschen mehr rausholen können.« Oh Shit. Mir rutschte in dem Moment das Herz die Hose. Bevor ich nachfragen konnte, war er schon wieder im Hörsaal verschwunden.

Meine Mitverschwörer schauten mich verwundert an und gestanden mir, dass sie meinen Lösungsweg eigentlich echt gut gefunden hatten. Was wiegt in solchen Momenten mehr? Das kameradschaftliche Zureden von vier Kollegen oder die bissige Bemerkung eines Dozenten? Ich brauchte einfach diese verdammten 11 Punkte in dem Fach.

»So, dann mal reinkommen«, sagte der Prüfungsausschussvorsitzende, nachdem uns die Tür geöffnet worden war. Mein Herz schlug bis zum Hals. Erst wurden die Noten der anderen vorgelesen. Dann war ich dran. Ich war ganz woanders und hörte nur, wie die Worte des Vorsitzenden aus scheinbar weiter Ferne zu mir drangen: »Herr Koch materielles Recht 14 Punkte. Gesamtergebnis 11,5 Punkte.« In dem Moment sah ich das schelmische Grinsen des Dozenten, der vorher auf dem Flur gewesen war und mir zugesetzt hatte. Er lachte und sagte: »Sagte ich doch. Sie hätten auch etwas mehr rausholen können.« In dem Moment musste ich auch lachen, und die bleierne Schwere der mündlichen Prüfung fiel endlich von mir ab.

Michael hatte glücklicherweise auch mit der Note „Gut" bestanden. Ich merkte, dass er mir total dankbar war. Er wollte gar nicht aufhören, es mir zu sagen. Wir waren mit Sicherheit keine „Streber", denn viel zu oft hatten wir die Abende beim Griechen um die Ecke ausklingen lassen. Michael erfuhr in den Tagen danach, dass er auf seine Dienststelle in den Ermittlungsbereich komme. Er freute sich, weil ihm die Arbeit dort gut gefallen hatte und er die ganze Zeit gehofft hatte, dorthin zurückkehren zu können. Ich wollte nun natürlich mit dem guten Ergebnis in der Tasche Bäume ausreißen und dort anknüpfen, wo ich aufgehört hatte, aber dem wurde leider unerwartet Einhalt geboten.

Kurz vor der Diplomierungsfeier wurde ich darüber informiert, dass ich in die Funkzentrale unserer Heimatbehörde versetzt werden sollte. Ich äußerte, dass ich dort nicht hinwollte und lieber auf meiner alten Dienststelle meinen Dienst versehen wollte. Ganz gleich, ob auf meiner Wunschposition oder im Einsatz- und Streifendienst. Mir wurde dann unmissverständlich mitgeteilt, dass das von oben so entschieden wurde, dass alle Aufsteiger und Aufsteigerinnen dort zunächst für ein Jahr Dienst versehen sollten, da für die Leitstelle kein Personal gefunden werden konnte. Wenn ich mich verweigerte, würde ich dorthin auch zwangsversetzt werden.

Zwangsversetzung? Ja, das war dort zu dieser Zeit bei vielen Bediensteten Thema. Es gab bei der dortigen Besatzung einige Mitarbeiter, die sich etwas zuschulden kommen hatten lassen und daher dort Buße leisten mussten. Ich hatte mein Soll erledigt, hatte mich den bisherigen Weisungen gebeugt und nichts verbrochen. Was war das für ein Dank und was für eine Anerkennung, dass man nun so mit mir umging?

Ich hatte noch ein Gespräch mit meinem Dienststellenleiter. Er sagte mir, dass ich meinen Weg machen würde und erklärte mir noch einmal die personelle Entscheidung. Ich fügte mich dem scheinbar Unvermeidlichen und trat meinen Dienst aus »freien Stücken« in der besagten Leitstelle an. Das war im April 2007.

Der gehobene Polizeidienst

Ein Jahr, dachte ich mir, das sitzt du doch auf einer Arsch-backe ab. Allerdings sollte ein weiteres Mal Hoffnung auf-kommen, dass ich dieses auferlegte Kapitel vielleicht noch abwenden könnte. Mein Vater erzählte mir, dass er den Leiter Einsatz- und Streifendienst aus meiner Heimat-stadt getroffen hatte, unter dem ich bereits meine Aus-bildung für den mittleren Dienst absolviert hatte. Damals hatte der noch die Funktion des Ausbildungsbeauftragten. Er ließ mir einen schönen Gruß ausrichten und ein Lob für meine guten Leistungen im Studium. Jetzt solle ich mich nochmal richtig reinhängen, dann werde das schon werden. Nach dem guten Kontakt, den wir früher in der Ausbildung miteinander gehabt hatten, hegte ich die Hoff-nung, dass er vielleicht etwas in Gang setzen könnte, um die Dauer meines Verbleibs bei der Leitstelle auf ein Mini-mum zu reduzieren. Ein Telefonat mit ihm brachte leider nur Ernüchterung. Das kam von oben, da musste ich jetzt durch. Wo vorher noch ein wenig Hoffnung und Euphorie gewesen waren, machte sich jetzt Resignation breit.

Jetzt bloß nicht den Kopf in den Sand stecken! Was mich zunächst etwas ärgerte, war die Tatsache, dass sich von den Aufsteigerinnen, die zusammen mit mir fertig ge-worden waren, niemand in den klimatisierten Räumen der Funkleitstelle einfand. Zu diesem Zeitpunkt zeichnete sich bereits ab, was die Frauenquote und andere Ideen für die eigenen Laufbahnmöglichkeiten in der Praxis bedeuten. Lediglich ein Kollege, den ich schon länger kannte, war mit in meiner Schicht gelandet.

Die kooperative Leitstelle war eine neue Idee, die von oben kam und nach und nach umgesetzt werden sollte. Man erhoffte sich, dass die kombinierten Leitstellen von Polizei, Feuerwehr und Rettungsdienst in der Lage wären, besser auf tägliche Einsätze als auch auf Ausnahmereaktionen zu reagieren. Es war also ein typischer Bürojob, bei dem ich im ersten Stock einer Polizeidienststelle in einem klimatisierten Raum saß. Später einmal würde vielleicht die Zusammenarbeit mit Rettungsdiensten und Feuerwehr die Arbeit ein wenig auflockern, doch als ich dort meinen Dienst tat, war nur die Polizei in der Leitstelle. Oft genug hieß es schlichtweg aber auch zu warten, bis das Telefon klingelte. Ich war isoliert vom richtigen Bürgerkontakt und abseits der Straße und nur im Kontakt mit anderen Polizeibeamten und den Führungsstäben, die unserer Arbeit vorstanden – gewissermaßen der Gegenentwurf meiner Idee von Polizeiarbeit.

Zunächst verspürte ich angesichts der unverblümten Drohung der Zwangsversetzung hierher und der Ungerechtigkeit dieser Entscheidung noch einiges an Groll, aber ich versuchte, ihn herunterzuschlucken und das Beste aus dem Jahr zu machen. Wenn ich mich ins Zeug legen würde, würde es mir mit einer guten Beurteilungsnotiz sicherlich wieder gelingen, meine Laufbahn nach meinen eigenen Vorstellungen zu gestalten. Allerdings war es schwierig, bei der täglichen Arbeit auf der Dienststelle herauszuragen, denn die Arbeitsabläufe waren eingeschränkter. Mehr als das direkte Reagieren auf die Anrufe war innerhalb des Gefüges der Leitstelle nicht vorgesehen, aber ich versuchte mich trotzdem einzubringen, indem ich Ausarbeitungen zu verschiedenen Themen anfertigte, stets bereit war Extraschichten zu schieben, mich bei den Katastrophenübungen einbrachte, freiwillig weitere Daten in unsere Notruf-Management-System einpflegte oder ein Gemeinschaftsevent organisierte. Ich hatte guten Willen, aber es war keine einfache Zeit. Meine anderen Kollegen, die zum großen Teil wirklich dorthin zwangsversetzt waren und sich offenbar nicht mehr viel von ihrer beruflichen Zukunft erhofften, waren unmotiviert, und es herrschte kein gutes Arbeitsklima. Trotz allem war das Hauen und Stechen nach Beförderungsmöglichkeiten hier noch ausgeprägter, als ich es in meinem bisherigen Berufsleben erfahren hatte. Es schien nicht die gleiche Polizei zu sein, die ich vor zehn Jahren kennengelernt hatte.

Einmal sollte sich für mich eine besonders abstruse Situation abspielen. Eine Beschwerde gegen mich war eingegangen. Es hatte sich ein schwerer Autounfall mit mehreren Verletzten zugetragen, und die Notrufleitungen liefen heiß. Leider hatte ich einen Bürger am Hörer, der mir nur wenig bis gar keine Auskünfte geben konnte bzw. wollte. Ich bat ihn zur Wahrung seiner eigenen Sicherheit auszusteigen, damit er mir mehr über das Unfallgeschehen und mögliche Verletzte erzählen und ich den Einsatz dementsprechend veranlassen könnte. Schließlich sind diese Informationen zur Bewältigung des Einsatzes immens wichtig, um das Leben der Unfallopfer zu retten. Er antwortete auf mein Anliegen nur, dass dies nicht seine Aufgabe sei. Ich wünschte einen schönen Tag und legte in der Hoffnung auf, dass mir der nächste Anrufer mehr Informationen geben könnte.

Der Bürger konnte anscheinend kein Verständnis für meine Situation aufbringen, fühlte sich trotz seiner mangelnden »Zivilcourage«, die letztlich Bürgerpflicht ist, auf den Schlips getreten und reichte eine Beschwerde bei der Dienststellenleitung gegen mich ein. Unser Vorgesetzter, der die Beschwerde entgegengenommen hatte, saß nicht in unserer Leitstelle, sondern einen Flur weiter.

Noch am selben Tag kam er in die Leitstelle und begrüßte alle, mich eingeschlossen, sehr freundlich. Dann ging er zu unserem Schichtführer und erzählte ihm von dem »Vergehen«. Als er den Raum wieder verlassen hatte, wandte sich mein Schichtführer an mich, um mir die Beschwerde gegen mich vorzutragen.

Ich entgegnete ihm ehrlich, was vorgefallen war, äußerte aber auch meinen Unmut darüber, was gerade polizeiintern passiert war. Da lief der Verantwortliche, der die Beschwerde entgegengenommen hatte, an mir vorbei und grüßte mich, um dann nur mit meinem Schichtführer zu sprechen, der daraufhin zu mir kam, um das Ganze vorzutragen. So liefen alle Informationen nur aus dritter Hand, und niemandem war geholfen.

Wir alle wissen, was bei »stiller Post« alles passieren kann. Auf meine Kritik wurde nur mit Schema F reagiert: Das sei der Dienstweg, der eingehalten werden müsse.

Vor mir tat sich ein Widerspruch auf: Einerseits wurde die Polizeiarbeit an allen Stellen aufgeweicht, andererseits wurde hier die Chance vertan, mit einer Prise gesunden Menschenverstandes die Abläufe zu verbessern.

Ich musste hier weg!

Das Jahr war fast vorbei, und ich freute mich auf das absehbare Ende in der Funkzentrale. Bald sollte es auch die Beurteilung geben, für die ich mich trotz allem ordentlich ins Zeug gelegt hatte. Die Beurteilung, die ich dann bekam, kam mir aber sehr spanisch vor, denn ich konnte keinen wirklichen Bezug zu meiner geleisteten Arbeit erkennen. In einem Gespräch mit einem Kollegen, den ich bereits vom Studium kannte, stellte sich heraus, dass wir beide identische Bewertungen erhalten hatten, obwohl er – wie er auch selbst zugab – das Jahr einfach abgesessen hatte. Beim Beurteilungsgespräch, das kurz darauf folgte und bei dem ich den Sachverhalt ansprach, wurde mir dann mitgeteilt, dass alle bei der ersten Beurteilung diese Noten bekämen. Es gäbe ja schließlich eine Quote und andere Kollegen, die erst einmal die besseren Noten bekommen müssten, weil sie schon so lange auf der Warteliste für eine Beförderung stünden und sozusagen jetzt »an der Reihe« wären. Damit eben laut Reihenfolge diese Kollegen an die Reihe kämen und damit »alles seinen gewöhnlichen Gang« nähme.

Von Leistung also keine Spur. Als mir dann noch mitgeteilt wurde, dass ich ein weiteres Jahr hierbleiben müsse, war ich völlig bedient. Ich hatte dieses elendige Jahr nur mit der Aussicht durchgestanden, dass es zu Ende gehen würde. Ich versuchte, meine Situation meinen Vorgesetzten zu erklären, sollte aber kein offenes, geschweige denn wohlmeinendes, Ohr finden.

In mir steckten so viel Energie und Tatendrang, aber innerhalb dieser Arbeitsstelle war einfach nichts zu machen. Nach den Enttäuschungen des letzten Jahres ging meine innere Einstellung verloren. Stattdessen entwickelte ich in meiner Freizeit mit zwei Freunden eine Videoplattform für junge unbekannte Musikgruppen. So ging Ende 2008 die Plattform Videobeatz.de an den Start. Trotzdem versuchte ich dienstlich weiter am Ball zu bleiben und äußerte immer wieder den Wunsch, wieder zu meiner Heimatdienststelle zu kommen, wohin ich 2010 dann auch endlich zurückversetzt wurde. Der einzige Lichtblick in dieser Zeit war, dass ich 2009 Paddy kennenlernte, die in meiner Heimatstadt wohnte und mit der ich zwischenzeitlich auch zusammengezogen war.

Auf der neuen, alten Dienststelle kam ich wieder in den Schichtdienst, wobei mir die Nachtschichten noch immer enorme Probleme bereiteten. Während meiner Abwesenheit hatte die »neue Polizeiwelt« auch hier Einzug gehalten. Was war bloß aus der alten, guten Polizei geworden, bei der und für die ich so gerne gearbeitet hatte? Hatte ich mich verändert oder alles um mich herum?

Das Zwischenmenschliche war in vielen Bereichen völlig im Keller. Es schien mir, als ob es vor allem an den neuen Beförderungsmöglichkeiten der neuen Laufbahnverordnung bei einem sehr begrenzten Angebot an entsprechenden Stellen lag. Es war auch hier ein ständiges Hauen und Stechen um die wenigen Beförderungsstellen. Das war echt problematisch, denn es ist unabdingbar, dass man sich bei der täglichen Polizeiarbeit aufeinander verlassen kann und sich nicht um politische Machtspiele sorgen muss. Bis dato war ich in meinem Berufsleben einmal befördert worden. Das war der kleine Schritt vom Polizeimeister zum Obermeister. Die Beförderung 2007 zum Polizeikommissar war nur das automatische Resultat des Aufbaustudiums in den gehobenen Dienst.

Auch der dienstliche Schwerpunkt hatte sich in meiner »Abwesenheit« verändert. Mit ein paar Jahrzehnten Verspätung stand in Deutschland inzwischen auch der »war on drugs« hoch im Kurs. Drogenbekämpfung im Straßenverkehr schien die neue Hauptaufgabe im Polizeialltag zu sein. Es war offensichtlich eine der wichtigen Aufgaben, aber mir schien, als ob alles andere zugunsten dieses neuen dienstlichen Schwerpunktes unter den Tisch fiel.

Einige Kollegen sahen in dieser neuen Verlagerung des Arbeitsschwerpunktes eine gute Chance, eine bessere Position in diesem Beförderungszirkus zu erlangen. Die Art und Weise, wie einige von ihnen in diesem Deliktbereich vorgingen, um Erfolge vorzuweisen und die von oben vorgegebenen Quoten zu erfüllen, gefiel mir nicht. Ich hatte rechtliche Bedenken bei ihrer Gangart, aber für mich stand auch einfach fest, dass ich als Verkehrsteilnehmer bzw. auf der »anderen Seite« nicht so behandelt werden wollte. Gleich in einem meiner ersten Dienste unter dem neuen Dogma geriet ich deshalb mit einem Kollegen aneinander.

Als er seine Masche fuhr, machte ich ihm unmissverständlich klar, dass ich solche rechtlichen Balanceakte auf dem Drahtseil nicht mittragen würde. Das missfiel ihm zwar offenkundig, aber immerhin musste ich daraufhin nicht mehr mit ihm auf Streife fahren. Mit der Zeit fuhr ich immer öfter mit Paul raus, der mir wie ein Verbündeter in dieser neuen, fremden Welt erschien. Denn meiner Ansicht nach hatte sich in meiner »Abwesenheit« tatsächlich einiges verändert. Die »Verrohung« der Gesellschaft, die auch in den letzten Jahren wieder häufig beschworen wird, fiel mir bereits damals unangenehm auf.

Die Bürger hatten den Respekt vor der Polizei verloren, und ich bemerkte, wie viele im Umgang mit uns und unter Alkohol- oder Drogeneinfluss immer wieder ihre Grenzen austesteten. Pöbeleien gegenüber den Rettungskräften und der Polizei wurden zur neuen Routine, Widerstandshandlungen gegen Polizeibeamte nahmen zu. Es herrschte ein raues und gewaltvolles Klima, das ich nach fünf Jahren abseits der Straße als Kontrast zu vorher wahrnehmen konnte.

Ich schätzte an Paul, dass ich mich völlig auf ihn verlassen konnte, was mir unter diesen neuen Arbeitsbedingungen noch wichtiger als jemals zuvor erschien. Auch ansonsten tickten wir ähnlich in vielen Belangen und ergänzten uns gut. Einmal beschlossene Maßnahmen setzten wir immer konsequent durch, was dazu führte, dass wir auch tatsächlich Leute in Gewahrsam nahmen. Dies erfolgte leider selten ohne Zwang, was regelmäßig zu Strafanzeigen wegen Widerstandes gegen die Polizei führte.

Dies wiederum führte dazu, dass wir bei einigen Kollegen unter dem Spitznamen »Widerstandsbeamte« geführt wurden. Auf solche abfälligen Spitznamen hatte ich gar keinen Bock. Paul und ich legten viel Wert auf Kommunikation, aber uns war eben auch eine klare Kante wichtig. Mit diesem Ruf schlich sich ein neuer Modus ein, sodass ausgerechnet wir beide auffällig oft zu Einsätzen gerufen wurden, bei denen Widerstandshandlungen vorprogrammiert waren. Besonders widerstrebte es uns, wenn bereits andere Kollegen und Kolleginnen vorher vor Ort gewesen waren und wir deren begonnene Maßnahmen zu Ende führen mussten.

Diese Zeit war körperlich und psychisch enorm belastend, schließlich verlieren diese Ausnahmesituationen nicht an Schärfe, je öfter sie eintreten. Nachdem wir einmal zu einer Familienstreitigkeit gerufen wurden, die mit unserem Eintreffen noch mehr eskalierte, suchte ich das Gespräch mit meiner Chefin Delia und fragte sie, warum ausgerechnet wir immer zu solchen Einsätzen gerufen wurden, wobei doch in der Theorie gepredigt wird, dass bei genau diesen Einsätzen mit hohem Eskalationspotential ein gemischtgeschlechtliches Einsatzteam zur Deeskalation förderlich ist. Sie antwortete spontan, dass sie sich auf uns eben verlassen könne, wenn es Probleme gebe und das diese Einsätze für Frauen zu gefährlich seien.

Ausnahmsweise dachte ich mir meinen Teil, obwohl mir sicher ein flapsiger Spruch auf der Zunge gelegen hätte. Delia war eine coole Person und eine gute Vorgesetzte. Sie hatte eine gute Menschenkenntnis, bewies großes Augenmaß und schaffte es so immer wieder Probleme aus der Welt zu schaffen. Sie hatte für sich selbst als weibliche Führungsperson eine Gangart mit ihren männlichen Kollegen gefunden, die ihr allseits Respekt verschaffte. Sie sagte, was sie dachte und hatte immer ein offenes Ohr für die Belange ihres Teams - allesamt Eigenschaften, die in meinen Augen eine gute Führungsperson ausmachten.

Bei Delia gab es – das mittlerweile vielerorts übliche – Küsschen links, Küssen rechts als Begrüßung nicht. Sie war eine ehrliche Haut und ein sympathischer Mensch, sodass es leicht fiel, mit ihr offen zu sprechen.

Bei einer anderen Vorgesetzten hatte ich mich einmal solcher Begrüßungsritualen verwehrt, was diese dann zu dem Ausspruch veranlasste: »Kochi! Du bist immer so unnahbar!«

Nur ein wenig später war es eben diese Vorgesetzte, die auf einer Betriebsveranstaltung an dem Ohr eines wiederum nachgeordneten Kollegen herum lutschte. Als mir das der betroffene Kollege erzählte, schien mir meine vermeintliche Unnahbarkeit als der ehrbarere Weg. Schließlich waren es Kolleginnen wie diese, die einmal über die Beförderungsmöglichkeiten entscheiden würden. Es war für mich ein weiteres Indiz dafür, dass bei Beförderungen deutlich mehr Politik dabei war und sie nicht eine logische Spiegelung der eigenen Leistungen darstellten. Objektiv konnte es schließlich nicht zugehen, wenn auch dienstlich solche Grenzen überschritten wurden.

Das Thema Beförderungsmöglichkeiten und »Wettkampf« sollte sich in unserem Dienstalltag immer mehr in den Vordergrund drängen. In einer Nacht hatten mein Kollege und ich einen Pkw-Aufbrecher auf frischer Tat gestellt. Er saß bereits im Auto und hatte die Innenbeleuchtung eingeschaltet. Er bemerkte uns erst, als wir neben ihm standen und anklopften. Ihn also eingetütet, zur Wache gefahren und wieder an die Arbeit.

Das waren schon kleinere Ausnahmefälle der Polizeiarbeit, in denen solche Erfolge ohne größere Ermittlungsarbeit gelangen. Wenn ich meinem Vorgesetzten in den nächsten Tagen auf der Dienststelle begegnete, verlor der allerdings kein Wort darüber. Gute Personalführung sieht meiner Meinung nach anders aus, aber die Arbeitsschwerpunkte hatten sich offensichtlich verschoben. Vielleicht wäre es bemerkenswerter gewesen, wenn der Autoknacker auch noch Drogen dabeigehabt hätte.

Für einen Einsatz hatte sich ein Bürger einmal schriftlich bedankt, wobei ich nicht mehr weiß, worum es bei der Sache ging. Das Schreiben kam nie bei uns an. Delia sagte mir nur, dass da ein Dankesschreiben eingegangen sei, das sie zum Chef hochgegeben habe. Weder über dieses Schreiben noch vom Chef erfuhren wir jemals etwas. Dabei sind es doch so einfache Möglichkeiten, mit Anerkennung etwas Positives zu erreichen, besonders, wenn der Ball einfach nur weitergespielt werden muss, aber das schien nicht wichtig zu sein.

Parallel dazu hatte sich eine Unart bei uns eingeschlichen, die mich ärgerte. Wie es meine Art ist, konnte ich meinen Mund natürlich nicht halten und äußerte meinen Unmut über die Situation. Es störte mich, dass einige Kollegen und Kolleginnen sich nach getaner Arbeit mit völlig banalen Sachverhalten bei Delia brüsteten und durch die Flure stolzierten, um so ihren Einsatz darzustellen. Das war nicht nach meiner Fasson; es war mir zuwider zu versuchen, den eigenen Polizeialltag mit viel Energie und

Selbstdarstellung in ein heroisches Licht zu setzen. Natürlich sind die Beförderungsstellen rar, aber ist solches Verhalten die einzige Antwort darauf? Nein, danke!

All der Wahnsinn, den ich im Streifendienst immer wieder erlebte, ließ mich wieder mein altes Ziel ins Auge fassen. Es schien mir eine lange Zeit her, dass ich mit meiner Arbeit zufrieden war, bevor mich die »Möglichkeit« zu studieren aus meiner eigentlichen Wunschstelle herausgerissen hatte. Also teilte ich meinem Dienstabteilungsleiter Gustav mit, dass ich gerne in die Kriminaltechnik versetzt werden wollte. Die Antwort war ernüchternd: Die Möglichkeit werde sich erst in ein paar Jahren ergeben, bis ein dort tätiger Kollege in den Ruhestand ginge. Geduld ist aber eine Tugend, die nur den Zufriedenen leicht fällt.

Unterdessen suchte ich einen Ausgleich und begleitete in meiner Freizeit ein Projekt des Landkreises Uelzen, bei dem unter anderem ein Kinospot gedreht werden sollte. Die von mir und einigen Kumpels aufgebaute Plattform »Videobeatz« war mittlerweile in der Lage, auch solche Projekte zu betreuen. Mein Vater war ehrenamtlich für das Projekt tätig, und dazu saß noch die Frau meines Chefs, die selbst in der Prävention aktiv war, mit im Boot. Wir, die wir tatsächlich an der Entwicklung des Projektes arbeiteten, wollten etwas Modernes und Greifbares entwerfen.

Bei der Ausarbeitung des Films gab es aber immer wieder unterschiedliche Auffassungen, was die Gestaltung und Stoßrichtung des Films betraf. Die Frau meines Chefs war meines Empfindens nach das Sprachrohr der eher passiven Truppe innerhalb des Projekts. Hierzu gehörten einige Sponsoren, die für ihre finanzielle Teilhabe im Gegenzug auch ihre Interessen und Auffassungen vertreten sehen wollten. Es kam mir in jenen Tagen so vor, als ob die fachlichen Reibereien innerhalb dieses Freizeitprojekts auch immer wieder dienstliche Konsequenzen nach sich zogen, aber mehr dazu an späterer Stelle.

Es war Ende 2013, als sich meine Lebenspartnerin Paddy, eine gelernte Hotelfachfrau, mit einem Restaurant in meinem Heimatort in die Selbstständigkeit wagte. Es stand für mich außer Frage, dass ich sie bei diesem Schritt, der ihr viel bedeutete, unterstützen musste. Ob als Lehrsaalsprecher, Orga-Arbeit auf der Dienststelle oder die Arbeit mit »Videobeatz« - planen und organisieren lag mir, und so war ich froh, meine Partnerin auf diese Weise unterstützen zu können.

Im Eröffnungsmonat war die Hölle los, wir hatten offenbar einen Nerv getroffen. Da all unsere Erwartungen und Kalkulationen bezüglich des zu leistenden Aufwandes übertroffen wurden, half ich während meiner Freizeit auch in den Stoßzeiten hinter dem Tresen aus. Ich kann mir bis heute nicht erklären, warum mein Chef auf mich zukam und von mir forderte, dass ich diese Nebentätigkeit anmelden solle. Dass ich Paddy unentgeltlich half, spielte für ihn keine Rolle. Ich beugte mich, ging durch den Papierkrieg, auf dass alles seine Richtigkeit hatte. Kurz darauf bekam ich ein Schreiben von der Polizeidirektion, in dem mir mitgeteilt wurde, dass man mir untersage, in meiner Nebentätigkeit alkoholische Getränke auszuschenken. Dies sei mit dem Beruf des Polizeibeamten nicht in Einklang zu bringen. Alle anderen Tätigkeiten dürfe ich aber durchführen. Aha, daher wehte der Wind. Ich bin sicherlich der Letzte, der sehenden Auges zuließe, dass jemand alkoholisiert losfahren würde, und so schien es mir wieder, als ob völlig unbegründet mit Kanonen auf Spatzen geschossen wurde. Zwar war der Schwerpunkt in Paddys Gastronomie das Speiselokal, aber das Ganze nahm mich dennoch mit. Wie sollte ich so meine Partnerin unterstützen?

Ab da hatte ich den Eindruck, als ob hinter all diesen Gängeleien ein System steckte. Ich wollte gute Arbeit leisten, ich wollte eine Tätigkeit, die mir Spaß machte und bei der ich das auch zeigen konnte. Ich wollte Kollegen und Kolleginnen, auf die ich mich verlassen konnte, die sich an die rechtlichen Vorgaben hielten und mit denen ich abseits des Beförderungszirkus ein kameradschaftliches Verhältnis pflegen konnte. Ich wollte wieder eine Polizei, für die ich gerne arbeitete und in der ich stolz auf meinen Beruf sein konnte.

Ein großer Knackpunkt sollte mich innerhalb dieser Zeit des Haderns ereilen. In der Stadt gab es eine kriminelle Jugendbande, die seit geraumer Zeit die Geschäftsleute und Anwohner der Innenstadt terrorisierten. Bei den Mitgliedern der Bande handelte es sich um Jugendliche mit Migrationshintergrund, die vermehrt mit Rohheitsdelikten, wie zum Beispiel gefährlicher Körperverletzung, aber auch ansonsten schon ein üppiges Vorstrafenregister angesammelt hatten, auffielen. Vor Kurzem hatte es sogar einen Zwischenfall mit der lokalen Presse gegeben, bei dem eine Mitarbeiterin der regionalen Zeitung bedroht wurde. Bei eben diesen Einsätzen kam es immer regelmäßiger zu Pöbeleien gegen die Einsatzkräfte.

Eines Abends wurden wir wieder einmal zu einem Einsatz in Verbindung mit dieser Bande gerufen. Der Versuch, die Situation zu lösen, gipfelte darin, dass einer der Jungs mir unverblümt drohte, mal zu mir nach Hause zu kommen. Um seinen Worten Gewicht zu verleihen, merkte er noch meinen Heimatort an. Ich versuchte nicht auf ihn einzugehen und ließ ihn labern.

Einige Tage nach diesem Vorfall war ich gerade auf dem Nachhauseweg von der Dienststelle, als mir einige Mitglieder der Truppe entgegenkamen. Als sie mich in meinem Privatwagen erkannten, wendeten sie und folgten mir. Ich fuhr einen anderen Weg, und es gelang mir schließlich, sie in der nächsten Ortschaft an einer engen Durchfahrt abzuhängen, da hier die Straße wegen eines Dorffestes gerade gesperrt war.

Als ich meinen Chef am nächsten Tag auf der Wache traf, suchte ich das Gespräch mit ihm über den Vorfall des Vortages. Ich erhoffte mir Rückendeckung und dass er bei den entsprechenden Leuten eine Gefährderansprache hielt, die zukünftigen Vorkommnissen eine andere rechtliche Grundlage geben würde. Ich bekam folgende Antwort: »Andreas, du bist doch Polizeibeamter. Das musst du doch wohl abkönnen. Das bringt der Beruf so mit sich.«

Ich konnte es nicht fassen, war stocksauer und erwiderte in meiner sicherlich wenig diplomatischen Art: »Ich kann das auch ab, aber ich wohne nicht allein zuhause. Wenn diese Typen zu mir kommen, wird keiner mehr das Grundstück verlassen.«

Er kanzelte mich ab und gab mir zu verstehen, dass ich das so nicht sagen könne. Meine Worte waren tatsächlich schlecht gewählt und impulsiv gewesen, aber es ging doch gar nicht um die Wortwahl. Es ging darum, dass ich mir in dieser brenzligen Situation, in der auch meine Familie betroffen war, einfach Rückendeckung erhofft hatte. Wie kann es sein, dass ich jeden Tag auf der Straße meinen Kopf hinhalte, aber es keinerlei Unterstützung für den Einzelnen in solchen Situationen gibt? Hätte man bei einer Kollegin die gleiche Strategie gefahren, dass schon nichts passieren würde?

Zumindest auf diese Überlegungen sollte ich später eine Antwort bekommen. Als ich schon im Ruhestand war, rief mich eine Kollegin an, die ebenso häufig »Kontakt« mit der Bande hatte. Auch sie erhielt keinerlei Rückendeckung in Bezug auf das Thema. Bei ihr waren sie schließlich zuhause gewesen und hatten ihr das Auto zerkratzt. Alle meine Versuche, meine Arbeit für die Polizei erträglicher zu machen und mich einzubringen, wurden nicht angenommen.

Wenn es schon nicht in meiner Macht lag, die Qualität meiner Arbeit zu verändern, wollte ich wenigstens dort an den Schrauben drehen, wo es mir möglich war: Ich reduzierte meine Dienstzeit um 50 Prozent. Es war für mich die einzige Möglichkeit, mich der Situation zu entziehen. Ich traf diese Entscheidung nicht leichtfertig, denn es tat mir für Paul leid, da ich zum Großteil als Streifenpartner wegfiel. Er ließ mich merken, dass er mit meiner Entscheidung unzufrieden war. Nach einiger Zeit wurde ich dann in den Ermittlungsdienst versetzt, und der Rest ist Geschichte.

- III -

Klappe – die Erste

Ende 2008, noch viele Jahre, bevor unsere damalige Bundeskanzlerin der Meinung war, dass das Internet für uns alle Neuland sei, startete ich mit meinen Kumpels Steven und Christoph die Plattform Videobeatz. Was zunächst als reine Videoplattform und alternatives Gegenmodell zu dem damals noch nicht so dominierenden YouTube gedacht war, entwickelte sich schnell zu einer kleinen Videoproduktion für junge unbekannte Künstler. Wir veranstalteten Konzerte für Bands aus der Region, um etwas gegen die kulturelle Flaute auf dem Lande zu tun. Die Gigs wurden von uns gefilmt, geschnitten, auf unsere Plattform hochgeladen und den Künstlern zur Verfügung gestellt. Das war eine nette Freizeitbeschäftigung und ein schöner Ausgleich zu dem Polizeialltag, der mir damals bereits arg zu schaffen machte.

Da wir immerhin geringe Einnahmen hatten, mussten wir auch ein Gewerbe anmelden, aber es war uns fremd, richtig Gewinn machen zu wollen. Wir hatten einfach Bock auf die Mucke und waren froh, etwas ins Rollen bringen zu können.

Einzig die GEMA machte, wie wohl auch jedem anderen kleinen Fisch in der Kulturszene, echte Probleme. Was war das für ein Laden? Ein privater Verein mit einem riesigen Wasserkopf, der davon profitiert, dass die Beweislastumkehr vom Urhebergesetz ausgehebelt ist. Nicht sie müssen uns nachweisen, dass Titel aus deren Repertoire gespielt werden, sondern wir. Sie unterstellen faktisch, dass von ihnen vermarktete Titel gespielt werden. Von der Komplexität und der Intransparenz der GEMA wollen wir erst gar nicht anfangen. Natürlich kann ich verstehen, dass die »Geiz-ist geil-Mentalität« vieler Konsumenten der Musikszene schadet, aber dann sollen sich diese Raffzähne auch an jene wenden, die nur für die eigene Tasche aktiv sind.

Problematisch wurde es für uns, da der Laden – wie es unsere eigene Erfahrung in der Szene zeigte – mit den jungen Musikern Knebelverträge einging. Wenn nur ein einziger Musiker dort Mitglied war, mussten die Songs der Band über die GEMA abgerechnet werden. Bei den jungen Musikern kam am Ende natürlich nicht viel an. Was für ein System, aber zum Glück haben viele Künstler dieses Nutznießer-System mittlerweile erkannt, und immer wieder bildet sich Widerstand.

Abseits all dieser Vereinsmeierei und Komplikationen, die es so mit sich bringt, wenn auch ein wenig Geld im Spiel ist, hatten wir aber schon eine Menge Spaß. Nach einiger Zeit waren wir fit genug, dass wir auch abseits der Konzerte Musikvideos für einige Bands produzieren konnten. Natürlich immer Low bis No Budget. Wir knüpften viele Kontakte, erweiterten unsere Sachkenntnis, und so kam es schließlich, dass wir Ausrichter für den »Local Heroes Band Contest« wurden. Wir waren natürlich mächtig stolz, als eine »unserer« Bands via Jury-Votum sogar auf dem ersten Platz landete.

Als wir gerade sehr aktiv bei Videobeatz waren, war in unserem Landkreis die Aktion »Ich bin dein Schutzengel« gestartet. Die Schirmherrschaft für das Projekt hatte der ADAC. Die teilnehmenden Landkreise sollten sich örtliche Sponsoren suchen und Veranstaltungen für junge Leute organisieren. Ziel der Aktion war es, dass junge Frauen ihre männlichen Fahrer vom Fahren unter Alkoholeinfluss abhalten sollten, um so schwere Verkehrsunfälle zu vermeiden. Die Mädels bekamen einen Schutzengelausweis, mit dem sie bei teilnehmenden Firmen auch Vergünstigungen erhielten.

Soweit das öffentliche Narrativ zu der Geschichte. Welches Ziel der ADAC tatsächlich verfolgte? Der ADAC kam natürlich an Daten der nächsten Generation Autofahrer heran und trug ansonsten rein finanziell wenig zu den Veranstaltungen bei. Es ist schließlich nichts Neues, dass bei Wohltätigkeitsveranstaltungen und vielen Arten von Engagement die Publikumswirksamkeit an erster Stelle steht. Aber das ist auch nur mein persönlicher Eindruck.

Mein gerade von der Polizei pensionierter Vater war in ehrenamtlicher Funktion für den Landkreis in dieser Sache tätig. Er war gut vernetzt und hatte die Aufgabe, Sponsoren für die Aktion zu gewinnen.

Die erste Veranstaltung, die im Rahmen der Reihe organisiert wurde, war ein totaler Flop. Offenbar hatte das Marketing das Zielpublikum nur schlecht abgeholt, und so herrschte Totentanz.

Ich schlug meinem Vater vor, dass wir mit unseren Musikveranstaltungen diese Aktion unterstützen könnten. Hier waren viele junge Leute anwesend, und so könne die Zielgruppe erreicht werden. Meine Kumpels und ich waren zu diesem Zeitpunkt zwar nicht mehr ganz jung, konnten uns aber in den Standpunkt der jüngeren Generation sicherlich besser hineinversetzen.

Gesagt, getan. Fortan organisierten wir mehrere Konzerte mit jungen Bands für die Aktion Schutzengel. Kaum hatte ich angefangen, mehr Zeit in das Projekt und die Organisation zu investieren, stellte ich schnell fest, dass es mit einzelnen Sponsoren schwierig war. Der eine wollte nicht mit dem, der andere nicht mit dem. Mannomann, was für ein Theater. Hierbei spielten sicher auch alte Seilschaften, Gräben und Fehden in unserer kleinen Stadt eine Rolle.

Meinen Kumpels und mir ging es um die Sache und darum, das Schöne mit dem Sinnvollen zu verbinden. Dass wir damit relativ einsam auf weiter Flur standen, sollte sich im Laufe des Projektes immer deutlicher zeigen.

Mein Vater war von dem neuen Schwung des Projekts begeistert und fragte mich, welche Werbemaßnahmen denn noch möglich seien. Unter anderem schlug ich ihm einen Kinospot vor. Von so etwas hatte ich bereits in anderen Landkreisen gehört. Die Betreiberin unseres Kinos, mittlerweile selbst hochbetagt, war von der Aktion an sich und der Idee des Spots begeistert und sicherte uns ihre Unterstützung zu.

Ich fand an der Idee Gefallen, dass wir den Spot Low Budget produzieren könnten. Weniger aus Geiz, sondern vielmehr, weil es zum einen eine schöne Möglichkeit war, die Jugendlichen an der Produktion teilhaben zu lassen, als auch, dafür zu garantieren, dass der Spot letztlich auch Resonanz beim Zielpublikum erfuhr. Zudem hatte ich noch eine junge Band an der Hand, die sich bereit erklärte, drei Songs für die Aktion zu schreiben, von denen das Publikum bei einer Veranstaltung einen zum Song der Aktion wählen könnte. Wie in allen Bereichen ist Partizipation der Schlüssel. Der Arbeitskreis beim Landkreis war damit einverstanden, und die Organisation begann.

Der Landkreis veröffentlichte das Vorhaben in der Presse, worauf ich einige Tage später eine E-Mail von Henneke bekam. Er stellte sich als ehemaliger Schüler eines Gymnasiums des Ortes vor und gab an, im Bereich Filmproduktionen tätig zu sein. Derzeit sei er gerade für einige Fernsehproduktionen tätig, aber er würde gerne Zeit finden, um das Projekt zu unterstützten. In der E-Mail befand sich ein Link zu einem seiner Musikvideos, das sogar einen Preis abgesahnt hatte. Als ich das Video sah, war ich sofort baff. Das war der Hammer! Der Song hieß »Candid (New And For Sale)«, und das Video war komplett mit Figuren und Kulissen aus Pappe in Stop-Motion erstellt.

Wenn wir den Typen für uns gewinnen könnten, würde das unsere Produktion noch einmal auf ein anderes Niveau heben. Allerdings ließ unser Budget keine großen Sprünge zu. Bei einem ersten Treffen beschwichtigte er uns sofort. Es komme ihm nicht auf die Bezahlung an; er wolle das Ganze einfach unterstützten und habe Bock auf eine Aktion in seiner alten Heimat.

Ich war total happy, denn einen Kinospot hatten wir bis dato auch noch nicht produziert. Wenn ich manchmal zwischendurch die Befürchtung hatte, ob wir uns vielleicht ein wenig zu weit aus dem Fenster gelehnt hatten, gab mir Hennekes Unterstützung wieder Boden unter den Füßen. Kurz darauf begannen wir, ein Skript für den Spot zu stricken. Ich merkte sofort, dass unser Neuzugang starke Ideen hatte, die das Ganze richtig voranbrachte und vor allem auch das Mindset der Zielgruppe ansprechen würden. Auch halbe Generationen Altersunterschied können einen riesigen Unterschied machen. Aus vielen Telefonaten, Treffen und gemeinsamen »Brainstormings« schälte sich langsam das Skript zu einem, wie ich fand, ziemlich genialen 30-sekündigen Spot. Der kurze Plot war wie folgt: Zwei offensichtlich betrunkene junge Männer verlassen eine Kneipe und wollen zu ihrem Fahrzeug gehen. Just in dem Moment, als sie die Tür aufschließen wollen, schlägt »Schutzengel-Girl« in der Manier einer Comic-Superheldin aus dem Himmel auf dem Boden ein und verpasst dem Fahrer einen Faustschlag ins Gesicht. Tenor: »Hör auf deinen Schutzengel, hol dir den Ausweis und halte die Betrunkenen vom Fahren ab!«

Dazu der mittlerweile gewählte Song »Hör auf deinen Schutzengel« von der Band AfterShowParty, zu dem wir auch noch ein Musikvideo produzieren wollten.

Wir stellten unser Projekt bei der Arbeitsgruppe im Landkreis vor. Anhand des Storyboards war schon ganz gut zu erahnen, wie der Spot aussehen würde. Der Arbeitskreis bestand aus Mitarbeitern des Landkreises, dem ADAC, der Polizei, meinem Vater und einigen Sponsoren. Von der Polizei war die Frau meines Chefs anwesend, die im Bereich Prävention tätig war.

Lange Gesichter und schale Kritiken waren das Echo: »Das ist doch viel zu brutal, die schlägt den ja ...«, »Wo ist denn der Abschlepper vom ADAC?«, »Wo ist das Logo von der Sparkasse?«, und so weiter und so weiter. Wir merkten, in welche Richtung sie zielten.

Ich versuchte, dem Gremium zu verdeutlichen, dass es wenig Sinn machen würde, mit jungen Leuten den klassischen Weg - Auto, Unfall, ankommende Polizei und Feuerwehr, Krankenwagen etc. - zu gehen. Das war abgedroschen, vielfach verfilmt und kam bei dieser Generation auch nicht mehr wirklich an. Henneke unterstützte mich darin, und selbst mein Vater war als einer der wenigen von dieser modernen Art der Darstellung des Themas überzeugt.

Natürlich sollten sich die Sponsoren auch wiederfinden. Die Feuerwehr könnte uns beim Dreh mit einem Leiterwagen unterstützen, denn die Presse wäre sicherlich beim Dreh vor Ort. Der ADAC würde mit einem Ausweis eingebaut, und die anderen Sponsoren könnten im Abspann genannt werden.

Am Ende gab es das Okay, aber ich merkte, dass es einigen Beteiligten nur widerwillig über die Lippen kam, auch bei der Polizei. Dann gab es unzählige Sitzungen, an denen wir nicht teilnahmen, weil wir uns auf den Spot konzentrieren wollten. Schließlich arbeiteten wir ja alle ehrenamtlich neben unseren »normalen« Berufen.

Wenn mir mein Vater die Ergebnisse und seinen mündlichen Bericht aus den Sitzungen überbrachte, dann schien es mir mehr und mehr, dass es allen Beteiligten weniger um das Projekt und die Botschaft an sich ging, als um die publikumswirksame Darstellung des eigenen »Unternehmens«. Die Sparkasse wollte das Ganze beispielsweise nur unterstützten, wenn die Volksbank nicht ebenfalls Sponsor war, der Volksbank wiederum war dies gleich, und noch viele ähnliche Fälle. Auf gut Deutsch gesagt erinnerte manches an einen Kindergarten. Für uns, die wir uns einfach in das Projekt einbringen wollten, war es eine schwierige Gemengelage. Inmitten all dieser Taktiererei schien es den meisten Beteiligten nicht so sehr wichtig zu sein, was bei dem Projekt herauskam und mit welcher Botschaft bei der Zielgruppe gelandet werden könne.

Uns fehlte außerdem die Wertschätzung dafür, dass wir eine Produktion anboten, die auf dem Markt einige 10.000 Euro gekostet hätte, wir aber lediglich einige Fixkosten gedeckt haben wollten und letztendlich Henneke ein wenig bezahlt werden sollte.

Der Tag des Drehs war geil. Es tat gut, die »Schlangengrube« endlich zu verlassen und uns endlich an die Sache zu machen. Wir mussten alles an einem Drehtag einfangen. Henneke führte Regie und hatte sogar einen Kameramann und einen Regieassistenten aus Hamburg organisiert. Ich hatte die Produktionsleitung. Die Idee mit der Beteiligung der lokalen Schülerschaft hatte gefruchtet, es waren mehrere Schulklassen gekommen, und die Hauptdarsteller hatten wir bereits vorher gecastet: Totti, ein junger Kerl aus meiner Fußballmannschaft, und sein Kumpel waren mit Leib und Seele dabei, aber natürlich Laiendarsteller. Die Hauptakteurin, unser Schutzengelgirl, war eine Freundin von Henneke. Ihr war die Rolle wie auf den Leib geschnitten, und sie brachte professionelles Flair in die Runde. Ihr Kostüm hatte Henneke von einer bekannten Schneiderin nähen lassen, und selbst für die Maske war gesorgt. Eine Stuntfrau, die ich von einer anderen Produktion kannte, kam für Low Budget vorbei und half uns bei dem doch aufwendigen Dreh. Gar nicht mal so schlecht für eine kleine Landkreisgeschichte!

Auch wenn sich die Szene, die wir uns vorher ausgedacht hatten, natürlich bei Nacht abspielen würde, drehten wir am Tag. Ein Nachtdreh wäre zu aufwendig gewesen und wohl auch mit den Schulklassen nur schwer möglich. Henneke meinte, dass wir das Ganze schon auf Nacht gegradet bekämen. Kein Problem. Oh Mann, hätte er bloß recht behalten! ... Ganz so einfach sollte es nicht sein, was dazu führte, dass wir in den folgenden Wochen nächtelang bei mir im Keller saßen und die einzelnen Bilder bearbeiteten, um den Himmel dunkel zu bekommen. Mann, war das ätzend, aber das Ergebnis war der Hammer und konnte sich sehen lassen.

Das Musikvideo wurde auch genial und erfuhr viel gutes Feedback. Den Großteil des Drehs machten wir an einem Wochenende im Saal einer alten Kneipe im Ort. Den Rest erledigen wir in Heimarbeit, wobei wir auch einige Szenen aus dem Spot mit einbauten. Henneke war Gold wert und brachte sich auch hierbei gut ein.

Während wir glücklich darüber waren, was wir bereits auf die Beine gestellt hatten, gingen im Arbeitskreis die Querelen weiter. Neben dem Budget, das wir mit erstaunlich geringen Kosten belasteten, ging es auch immer wieder um die moderne Stoßrichtung des Kinospots. Mich ärgerte es mächtig, dass die Unterstützung so gering war, obwohl wir eigentlich schon so vieles erreicht hatten.

Auch privat war es für mich nicht ganz einfach. Ich hielt mich von den Besprechungen fern, um meine Freizeit der Produktion zu widmen, und so saß mein Vater gewissermaßen zwischen den Stühlen. Oft geriet ich mit ihm aneinander, weil er nicht die Ergebnisse vom Arbeitskreis mitbrachte, die ich erhofft und erwartet hatte.

Unterm Strich war es eine dieser Geschichten, die mich langfristig kritischer werden ließen. Sie steht stellvertretend dafür, wie in unserer Mediengesellschaft hinter »Wohlfühlbotschaften« häufig knallhartes Kalkül und wirtschaftliche Interessen stecken, die der Masse als Bonbon dargereicht werden. Auch zeigte es mir deutlich, wie schwer alte Seilschaften zu durchbrechen sind und ein solches Projekt ausbremsen können.

Es nahte der Tag der Präsentation im Kino, bei der alle Beteiligten anwesend sein sollten. Henneke war da, die meisten Darsteller, die Schulklassen und Sponsoren und die Band waren eingeladen, um den Song vor der Präsentation live zu spielen.

Nur einer fehlte.

- IV -

Andreas, der Koch

Nicht überall, wo Koch draufsteht, ist auch Koch drin, aber ein schlechter Polizist ist immer noch ein guter Koch. Genug mit Wortspielen.

Es war Januar 2018. Mein Vater hatte unweit von unserem Restaurant eine alte Gaststätte gekauft. Die hohen Nebenkosten des aktuellen Lokals und die ständigen Probleme mit arbeitsunwilligen Köchen machten Paddy persönlich, aber auch dem ganzen Betrieb, sehr zu schaffen. Ständig musste sie sich nach neuem Personal umsehen. Die Fluktuation war hoch, obwohl Paddy eine gute und faire Arbeitgeberin war. Wenn ich die letzten Jahre Revue passieren lasse, dann scheint es mir so, als ob ein nicht geringer Teil der Köche es vorzogen, nur so lange zu arbeiten, bis sie Anspruch auf Arbeitslosengeld hatten oder eine andere Beschäftigung fanden. Vielleicht waren die richtig fitten auch einfach schon »vergeben«. Paddy arbeitete bis zum Umfallen, war gutmütig und wurde dann noch hängen gelassen. Nicht selten brachte uns eine schlechte Kommunikation von Seiten der Angestellten in echte Probleme. Schließlich können die großen und wichtigen Veranstaltungen nicht wegen solcher Lappalien eben mal verschoben werden.

Sicherlich hatte ich insofern meinen Anteil an der Situation, als ich Sachen, die schiefliefen, immer ansprach, denn es passte mir nicht, genau in solchen Schieflagen weiterzumachen. Lieber so und in der Hoffnung, dass damit eine Besserung erreicht wurde, als die Dinge in sich hineinzufressen und sich ständig auf die Zunge zu beißen. Das hatte mir schon in der Ausbildung, im Studium, bei der

Arbeit nicht gepasst, und bei meiner Tätigkeit in der Gastronomie sollte es nicht anders sein. Auch hier war meine Devise, dass ich klar heraus sagte, wenn mir etwas nicht passte. Ich lasse mich nicht verbiegen und habe auch nicht vor, mich selbst zu verbiegen. Dabei ist mir bewusst, dass diese klare Kante nichts wert ist, wenn sie nicht mit einem offenen Ohr und der konsequenten Hilfs- und Handlungsbereitschaft einhergeht. So versuche ich immer, dies alles gemeinsam zu leben. Ich lasse niemanden im Regen stehen.

Die neue Kneipe renovierten wir mit viel Herzblut und legten dabei auch einen netten kleinen Biergarten an. Im hinteren Bereich des Gebäudes war er von einer Ruinenmauer umzogen, teils gepflastert, teils mit Biergartenkies ausgelegt, und ein großes Sonnensegel überspannte den lauschigen Sitzbereich. Ich merkte, wie viel Freude es mir bereitete, solche Projekte zu gestalten und anzugehen.

Doch es war Januar, und es würde noch einige Zeit vergehen müssen, bis wir die ersten Gäste im Biergarten willkommen heißen konnten, aber wir begannen bereits, einige Veranstaltungen mit in die neuen Räumlichkeiten zu nehmen. Zu dieser Zeit arbeitete Paddy viel mit Mietköchen zusammen, denn nach den Erfahrungen der letzten Jahre wollte sie sich ein wenig verkleinern und dabei gleichzeitig weniger abhängig vom Personal sein.

Die Köche arbeiteten auf eigene Rechnung, was zwar etwas teurer war, aber den Vorteil hatte, an diese Leute nicht gebunden zu sein. Es schien außerdem eine andere Arbeitsmoral zu herrschen; schließlich hatten ja auch die Köche Interesse daran, wieder gebucht zu werden. Es war also eine Win-win-Situation. Jedenfalls schien es zunächst so.

Einer unserer früheren Köche, der eine ehemalige Mitarbeiterin heiraten wollte, hatte seine Hochzeit bei uns im Laden geplant. Da waren natürlich eine Menge Leute aus der Gastronomie geladen, die allesamt vom Fach waren, und mit einigen von ihnen hatte Paddy in der Vergangenheit auch schon zusammengearbeitet. Kurzum: Ein Mietkoch musste her, denn wir mussten und wollten etwas liefern.

Die Hochzeit sollte am Samstag steigen, und der Koch begann in der Woche zuvor mit den Vorbereitungen. Ich hatte bis dahin zwar einen kleinen Einblick in das kleine Einmaleins der Gastro-Küche gewonnen, doch für mehr reichte es nicht. Am Freitag teilte er mir in einer merkwürdigen Art und Weise mit, dass er für den folgenden Tag keinen Fahrer habe und deswegen mit dem Motorrad kommen wolle. Zu dieser Jahreszeit nicht das Schönste, und so bot ich ihm an, dass ich ihn abholen könne. Aber er lehnte ab und ließ mich mit einem unbestimmten Bauchgefühl zurück.

Mein Bauchgefühl sollte mich mal wieder nicht getäuscht haben. Am nächsten Tag schrieb er eine Nachricht per Handy, dass er mit dem Motorrad gestürzt sei. Für mich eine unglaublich feige Art, sich aus der Affäre zu ziehen, wenn jemand nicht einmal den Mut hat, einem eine solche Hiobsbotschaft ins Gesicht oder wenigstens am Telefon mitzuteilen. Es ist der Ausweg des kleinen Mannes.

Wie sich später herausstellte, hatte er noch bei einem anderen Event angeheuert, bei dem wohl bessere Konditionen lockten. Was für ein Blender!

Die Hochzeit lief trotz alledem gut, obwohl ich von der Materie wenig Ahnung hatte und das geplante Menü, das einige Gänge »Flying buffet« beinhaltete, sehr aufwendig war. Ich befürchtete das Schlimmste, und auch Paddy standen schon die Tränen in den Augen, als ich ihr unsere Situation erklärte.

Mein ehemaliger Kollege Michael pflegte zu sagen: »Immer schön Ruhe bewahren – Hektik steckt an.« Welch weiser Mann. Ich heckte also schnell einen Notfallplan aus und rief meinen Kumpel Sven an, der mir schon häufiger aus der Patsche geholfen hatte. Wir kennen uns seit frühster Jugend und hatten uns mit meiner Rückkehr in meinen Heimatort wiedergefunden.

Svenno ist gelernter Koch, hat viel auf dem Kasten und noch mehr erlebt. Er war es auch, den Paddy bei der Eröffnung ihres Ladens vor einigen Jahren als Berater mit ins Boot geholt hatte. Ich hatte ihm auch schon bei vielen Dingen geholfen, aber um Hilfe zu bitten, fällt häufig schwerer, als selbst zu helfen. Eine andere Möglichkeit sah ich aber nicht. Es war Wochenende, er hatte eigentlich frei, also rief ich eben an: »Moin Svenno, Kochi hier. Du, Huston hat ein Problem. Bist du zuhause?«

»Nein, bin mit Elli einkaufen.«

»Heute ist bei uns doch die Hochzeit, von der ich dir erzählt habe, und der Scheiß-Mietkoch hat uns hängen lassen. Du hast nicht zufällig Zeit?«

»Was ist denn auf der Karte, und was vor allem schon fertig?«

»Keine Ahnung. Steht im Kühlhaus, und ich bin noch zuhause.«

»Schick mir mal die Karte rüber. Wir treffen uns gleich am Laden. Ich muss das nur noch Elli erklären.«

Ich wusste, dass er mich nie hängen lassen würde. So war er halt, und ich wusste es sehr zu schätzen. Kurz danach im Laden verschafften wir uns einen Überblick. Natürlich war noch nichts richtig vorbereitet. Der Mietkoch hatte seinen Ausstieg wohl nicht ganz spontan geplant. Svenno erkannte aus seiner Erfahrung heraus, dass das auffällig war. »Wie wollte er das denn heute alles fertigbekommen? Das geht gar nicht. Selbst zu zweit wird das richtig eng.« Das saß. Und nun? Absagen? Aber Sven gab mir glücklicherweise Mut.

»Ich mache schnell einen Plan, und wenn noch etwas fehlt, muss Paddy noch schnell den Rest besorgen. Ansonsten fangen wir gleich an. Wir müssen halt Gas geben. Kochi, du arbeitest nach Anweisung, schnippeln kannst du ja.«

Stimmt. Schnippeln konnte ich, und kochen war mir nicht ganz fremd. Ich hatte mir viel von Sven zeigen und erklären lassen und manchmal mit ihm für Freunde gekocht, aber ein 6-Gänge-Menü für eine Hochzeitsgesellschaft war eben doch eine andere Hausnummer.

Also legten wir los. Ich war pessimistisch, aber wir zogen es durch und waren so beschäftigt, dass die Stunden wie im Flug vergingen. Nachmittags fragte ich Svenno, ob wir gut in der Zeit lagen. Er war ehrlich und erwiderte, dass er nicht wisse, ob wir alles schaffen würden. Da wurde mir erst wirklich bewusst, wie ernst die Situation war.

Paddy hatte unterdessen vorne alles vorbereitet; das Restaurant war startklar und die Tanzfläche bereit. Die

Gäste, die nun eintrafen, hatten ja keine Ahnung, unter welch widrigen Umständen sie heute zu Gast waren.

Während des Sektempfangs steckten wir immer noch ziemlich in der Bredouille. Ich war mittlerweile von dem langen und stressigen Tag schon völlig platt, aber Adrenalin und die Anspannung dieser Ausnahmesituation ließen mich irgendwie durchhalten.

Ich hatte mich völlig in den Vorbereitungen verloren, als Svenno plötzlich sagte: »Paddy, wie weit bist du? Wir können den ersten Gang schicken. Kochi und ich trinken erstmal ein Weizen.« Ich fragte mich: Jetzt ein Weizen? Alter Schwede, dann bin ich gleich völlig aus der Spur. Wir hatten schließlich sechs oder sieben Gänge zu schicken, alles fein säuberlich in kleinen Schalen und Gläsern angerichtet. Aber okay. Svenno wird schon wissen, was wir tun.

Erster Gang raus, dann der zweite und so weiter. Das rockte echt und ließ den bisherigen Stress schon fast weit weg erscheinen. Ein Stein fiel mir vom Herzen, als unser ehemaliger Koch mit noch einem Kumpel, der ebenfalls vom Fach war, in die Küche grinsten und sagten: »Sehr gut, Männer. Das Essen ist echt top!«

Danach wurde ich endlich locker. Ich wusste, dass ich dieses Lob und auch die Tatsache, dass das Event überhaupt stattfinden konnte, nur Svenno zu verdanken hatte.

Als wir alle Gänge draußen hatten und noch zwei Hefe im Innenhof getrunken hatten, musste ich erst einmal ins Bett. Ich war total fertig.

Nachdem ich mich von dem Schock und dem Stress erholt hatte, fing ich an, mich intensiv mit dem Kochen zu beschäftigen, denn eine solche Situation wollte ich nicht noch einmal erleben. In den kommenden Wochen und Monaten war Svenno meine Ansprechperson, an die ich viele Fachfragen richtete und mit dem ich die Theorie in vielen gemeinsamen Kochsessions festigte. Er zeigte mir in dieser kurzen Zeit sehr viel, und wenn ich mich noch immer mit dem Fachfranzösisch schwertue, bekomme ich das Kochen heutzutage doch allein hin. Mittlerweile koche ich für viele kleine Veranstaltungen hier bei uns im Laden ganz allein. Zur Svennos und Ellis Petersilienhochzeit ließ ich es mir nicht nehmen, einen Teil davon an ihn zurückzugeben: Wir überraschten die beiden mit vielen Freunden zuhause mit einem Menü.

Ich hatte lange überlegt noch eine Ausbildung zu machen, denn in Deutschland braucht man ja für alles einen Nachweis. Svenno überzeugte mich davon, es nicht zu tun, denn kochen geht auch ohne.

Was wohl aus dem Mietkoch geworden ist? Ich nehme Menschen solch ein Verhalten bis heute übel und verstehe nicht, wie ihnen der Anstand so abhandengekommen ist. Immerhin führte diese hässliche Angelegenheit dazu, dass wir mittlerweile größtenteils frei von solchen Abhängigkeiten sind.

Einzig die Nervosität kurz vorm Essenschicken habe ich bis heute nicht ablegen können. Bloß keine Fehler machen; es ist das Gastro-Lampenfieber. Am schlimmsten ist es, wenn das Essen fertig ist und die Gäste auf sich warten lassen ...

Eines Abends saßen wir mit ein paar Leuten am Stammtisch, als ich mich mit eben diesem Problem und meinen Überlegungen dazu an Svenno wandte.

»Früher war es so, dass der Gastgeber gesagt hätte: »Den Letzten bestraft das Leben. Ich wünsche allen einen guten Appetit.« Heute ist es so, dass aus Angst, jemandem auf den Schlips zu treten, selbst auf den Letzten gewartet wird, selbst wenn es eine Stunde dauert. So hat sich unsere Gesellschaft verändert.«

Noch bevor jemand antworten konnte, fiel mir jemand ins Wort und sagte: »Das ist doch Nazigelaber.«

Erst kurzes Lachen, weil alle dachten, es sei ein Scherz, es war aber kein Scherz, sondern bierernst gemeint. Für mich war das völlig aus dem Zusammenhang gerissen, und ich konnte die Denkweise bei manchen Leuten absolut nicht mehr nachvollziehen. Es war mal wieder einer diese »Einzelfälle«, die mir klarmachten, wie viele Menschen in unserer Gesellschaft nur das hören und sehen, was ihnen in den Kram passt, um dann den Reiz mit der Reaktion zu beantworten, die in ihr Weltbild passt.

Naja, das ist halt Andreas, der Koch.

- V -

Roadtrip

Warum bin ich, wie ich bin? Selbstdenkend und freiheits-
liebend. Wer sich diese Frage schon einmal gestellt hat und
sich gewisse Attribute zuzuweisen glaubt, der wird nicht
drum herumkommen, sich in seiner bisherigen Biographie
umzuschauen, um die ersten Anzeichen zu entdecken. Ich
halte mich für einen selbstdenkenden und freiheitslieben-
den Menschen, der sich ungerne unnötig erscheinende
Vorschriften machen lässt. Okay, gewisse Regeln müssen
sein, sonst wäre das Miteinander nicht möglich. Aber völ-
lige Kontrolle und ständige Regulierung mochte ich noch
nie. Ich brauchte immer Luft zum Atmen, egal, in welcher
Lebensphase ich mich befand. Auch als Jugendlicher war
diese Eigenschaft für mich kennzeichnend.

Es war 1991, ich war gerade 15 Jahre alt geworden und
in der 9. Klasse. Zu dieser Zeit hatte ich viele Probleme in
der Schule. Zum einen sind es für alle jungen Menschen
besonders herausfordernde Jahre, zum anderen war ich wegen meines Daseins als Zappelphilipp doppelt betroffen.
Sicher, ich war nie einfach, aber zuletzt hatte es sich so entwickelt, dass ich gerne als Sündenbock in der Klasse herhalten durfte. Das Halbjahreszeugnis sah dementsprechend
auch nicht gut aus, denn die Faulheit in der Schule hatte
überhandgenommen. Verständlicherweise lag das Interesse
eines pubertierenden Jungen eben bei anderen Themen ...

Für Jugendliche ist es eine schwierige Zeit und ebenso für die Eltern. Meine Mutter hatte ständig mit mir zu
kämpfen, und wenn es ernst wurde, musste mein Vater ran.
Er war für mich die absolute Respektsperson, aber wegen

seines Polizeidienstes sah ich ihn nicht so häufig. Er musste niemals handgreiflich werden. Eine einzige klare Ansage reichte stets aus, damit ich fix auf Linie kam.

Die pädagogischen Reformen der 68er kamen in dieser provinziellen Ecke Niedersachsens nicht wirklich an, und so arbeiteten meine Eltern damals ganz klassisch viel mit Verboten: »Du gehst da nicht hin.« - »Mit dem triffst du dich nicht.« Und: »Das Jugendzentrum ist ein absolutes Tabu für dich.« Es liegt auf der Hand, dass solche Aussagen für einen mit meiner Denke natürlich nur einen noch größeren Reiz ausübten, und außerdem war ich ja auch schon fast erwachsen – dachte ich damals jedenfalls. Rauchen passte auch ganz gut zu der Vorstellung, die wir so vom Erwachsensein hatten. Generell ging im Jugendzentrum, das häufig von älteren Jugendlichen betreut wurde, vieles, was zuhause nicht möglich gewesen wäre. Wir hatten viel Spaß, probierten uns aus und lernten uns selbst besser kennen.

Ich bin überzeugt, dass dies wichtige Erfahrungen im Leben von uns Heranwachsenden waren. Was bringt der verzweifelte Versuch alles zu filtern, wenn das Leben nicht unter einer Käseglocke stattfindet?

Heute, viele Jahre später und mit dem bisschen mehr Weitsicht, die das »Alter« so mit sich bringt, sehe ich viele Parallelen zu dem Sohn meines Kumpels Svenno: Moritz. Paddy und ich haben keine Kinder, und so sehe ich die Dinge eben aus einer anderen Perspektive. In vielen Dingen, die Moritz so »anstellt«, kann ich mich hineinversetzen. Für einiges habe ich kein Verständnis, kann sie aber doch nachvollziehen.

Er ist halt ein Junge, wie ich auch mal einer war. Mit viele Energie im Bauch, dem Wunsch sich auszutoben und die Freiheit zu genießen. Neugierig genug Dinge ausprobieren zu wollen, die manchmal nicht erlaubt sind, bei denen Scheiben kaputt gehen, Knie aufgeschürft werden, jemand unverhofft nass wird oder auch mal eine Rauferei stattfindet. Mein Gott, war das jemals anders?

Mit Verboten ist nicht allen Neigungen des Menschen beizukommen. Vielleicht können sie unterdrückt, aber sicher nicht ausgemerzt werden, und wo unterdrückt wird, baut sich nicht selten Gegendruck auf. Ich wollte immer alles erleben, denn Erfahrungen lassen einen wachsen. Versteht mich nicht falsch. Ich wollte keine Bank überfallen oder jemanden beklauen. Gut und Böse konnte ich schon ganz gut auseinanderhalten. Es gibt genug Erlebnisse, die nicht auf den Rücken anderer ausgetragen werden. Ich wollte aber Dinge ausprobieren, um zu wissen, wie es ist, es mit meinen eigenen Augen zu sehen und am eigenen Körper zu erleben. Noch heute glaube ich viele Dinge erst, wenn ich sie gesehen oder erlebt habe. Ich glaube, ich kann mittlerweile sagen, schon viel gesehen zu haben. Lebenserfahrung ist Reichtum, und die Entwicklung ist wohl nie zu Ende.

Rückblickend bin ich froh, dass meine Mutter bezüglich meiner »ADHS-Erkrankung« eine Behandlung mit Ritalin ablehnte und es stattdessen konservativ mit einer Ernährungsumstellung versuchte. Ob das viel gebracht hat, ist eine andere Frage, aber zumindest haben mich Medikamente nicht in meiner Entwicklung verändert oder gehemmt.

Eine dieser sehr prägenden Erfahrungen sollte in diesem 15. Lebensjahr stattfinden. Es war ein Aprilmorgen, und ich war mit Axel, dem Nachbarsjungen, auf dem Weg in die Kreisstadt, in der wir zur Schule gingen. An diesem Tag führte uns unser Weg jedoch auf ungewohntem Wege geradewegs zur Volksbank. Dort hatte ich ein Sparbuch, auf dem sich damals um die 300 Mark hart angespartes Kapital befunden haben. Also her mit der Kohle, das hatte schon einmal geklappt, und auch dieses Mal verzichtete die Angestellte darauf, sich die eigentlich notwendige Einverständniserklärung meiner Eltern zeigen zu lassen.

Der erste Streich war geglückt, jetzt weiter zum Bahnhof. Wir wollten nach Italien, in ein Land, das wir bis dato nur von der Karte kannten und in unserer Vorstellung von Niedersachsen nicht nur geographisch ein gutes Stück entfernt lag. Wir wollten bei dem Vater einer Freundin von Axel unterkommen, der irgendwo in der Nähe von Neapel wohnen sollte. Also ab Richtung Süden: erst mit dem Zug, später wollten wir trampen. Alles lief wie am Schnürchen. Die Grenze nach Österreich war kein Problem. Im Nachhinein ist es verwunderlich, dass wir mit unseren Kinderausweisen, auf denen wir wie zehnjährige Stöpsel aussahen, nirgends ausgebremst wurden.

Die italienische Grenze passierten wir im Zug. Wir waren mit ein paar Italienern im Abteil, als die Grenzpolizei anklopfte. Uns war beiden flau im Magen, als sie sich die Ausweise ungewöhnlich lange anschauten. Schließlich fragten sie uns nur, ob wir zusammen unterwegs seien, was wir abnickten, und so ging es auch dieses Mal gut. In der ersten Nacht in Italien regnete es in Strömen - das hatten wir uns anders vorgestellt. In irgendeiner norditalienischen Stadt fanden wir unter den Ständen des dortigen Wochenmarktes Schutz. Der Weckservice war inklusive, als die Betreiber am frühen Morgen auftauchten, um ihre Waren auszuladen.

Also erstmal weiter trampen. Da hatten wir noch Geld und konnten es uns dementsprechend gutgehen lassen. Noch am selben Tag kamen wir in der kleinen Stadt im Süden Italiens an, die uns in den vergangenen Tagen als verheißungsvolles Ziel gedient hatte. Unser Soll war erledigt, unsere Mission erfüllt. Wir waren richtig glücklich, dass alles so gut geklappt hatte, und freuten uns nach den »entbehrungsreichen« Tagen auf ein wenig Komfort.

Unsere Freude sollte allerdings nur von kurzer Dauer sein. An der angegebenen Adresse wohnte der Vater nicht, und wir waren ganz schön aufgeschmissen. Was nun?

Mit gesenktem Haupte nach Hause zu fahren und Buße zu leisten kam nicht in Frage, da erwartet uns nur Ärger. Wir entschieden uns, das Beste daraus zu machen, und trampten weiter nach Rom. Was ging das damals gut!

Dort angekommen, streunten wir zunächst durch die Straßen. Nach einigen Tagen und den ersten Kontakten in der Stadt ergab sich die Möglichkeit, in einer besetzten Burg in einem Außenstadtteil von Rom ein Zimmer zu beziehen. Die Bewohner hatten die alten Gewölbe zu Schlafräumen hergerichtet. Es gab eine »Kneipe« und andere kleine Geschäfte. Im Hof fanden regelmäßig Veranstaltungen statt. Das passte alles, und wir fühlten uns gut untergebracht. Mittlerweile war uns aber das Geld ausgegangen. Wir hatten eben nicht damit gerechnet, etwas für die Unterkunft zahlen zu müssen. Wir mussten uns also etwas einfallen lassen - nur was? Aber Not macht bekanntlich erfinderisch.

Mit Eimern und Wischutensilien zogen wir durch die Straßen und klapperten die Geschäfte ab, um dort die Fenster zu putzen. Das brachte in ein paar Stunden immer genug Lire für den Tag. Manchmal auch für zwei Tage. An anderen Tagen standen wir an gut frequentierten Kreuzungen und putzten die Scheiben der Autos. Manchmal kam es vor, dass ein Autofahrer den Service in Anspruch nahm, aber dann einfach weiterfuhr. Che cazzo!

Axel hatte nach ein paar Tagen in Rom ein Mädel kennengelernt, die sich unser annahm und versuchte, uns anderweitig unterzubringen, als sie mitbekam, wie wir bis dahin hausten.

Das Fensterputzen erschien uns anfangs eine gute Möglichkeit, über die Runden zu kommen, aber es wurde schon bald immer schwieriger, und die Angst, von der Polizei kontrolliert zu werden, saß uns im Nacken. Wir waren weitsichtig genug zu wissen, dass unser kleines Abenteuer damit sehr schnell ein Ende finden könnte. Mit ein paar Brocken Italienisch, die wir von Axels Freundin gelernt hatten, verlagerten wir unsere Tätigkeit zu den Bahnhöfen Roms und in ein anderes Tätigkeitsfeld.

Dort lungerten wir von nun an herum und schnorrten nach Geld zum Telefonieren. Wir sprachen die Leute in der Nähe der öffentlichen Telefone mit den Worten an: »Scusa, un piccolo cambiamento per il telefono per favore.« Das ging erstaunlich gut, und meistens hatten wir bereits in einer Stunde genug zusammen, um anspruchslos durch den Tag zu kommen. So waren wir in dieser Zeit oft am Bahnhof.

Eines Tages sprach uns dort ein Mann an, der irgendwas von wegen »lavoro donna« faselte. Axel zog sein Wörterbuch hervor und kombinierte scharf, dass der Typ sagte, dass seine Frau Arbeit für uns hätte – oder so ähnlich. Er vergewisserte sich, indem er ein paar Wörter aus dem Buch aneinanderreihte, und der Mann nickte.

Wir folgten dem Mann zu seinem Auto, und er fuhr mit uns los. Ich saß vorne, Axel hinter ihm. Ich fragte nochmal nach, wo denn seine Frau wohne. Der Mann antwortete, indem er mit Hand und Mund eine einschlägige Pantomime veranstalte und »tu donna« sagte. Ach, daher wehte der Wind. Ich drehte mich zu Axel um und sagte auf Deutsch: »Du, ich glaube der Typ ist ein Kinderficker. Der labert hier irgendwas davon, dass wir Frauen sind, und macht hier den Blasemann.« Ich sagte ihm, wir nix Donna und forderte ihn auf, sofort anzuhalten. Er machte aber keine Anstalten und tat so, als hätten wir ihn falsch verstanden.

Ich schrie den Kerl an, er solle anhalten und griff ihm an den Kragen. Axel hatte sein Taschenmesser herausgeholt und hielt es ihm von hinten an den Hals. Auch, wenn er »Halt endlich an, Du Arschloch!« scheinbar nicht verstanden hatte, so hatte er am Hals doch ein gutes Gespür für die kleine scharfe Klinge, die unserer Bitte Ausdruck verlieh. Er bremste sofort, und wir stiegen aus. Zuerst ich, Axel sicherte den Typen, bis ich ihm auf der anderen Seite die Tür aufgemacht hatte und auch er aussteigen konnte, bevor der Typ wieder losfuhr. Was ein Dreckschwein! Okay, da hatten wir nochmal Glück gehabt.

Leider kam es noch zu einem zweiten Vorfall, bei dem ich im Nachhinein betrachtet von ähnlichen Neigungen ausgehen musste. Wir waren wieder am Bahnhof schnorren. Eigentlich hatten wir den Bereich erst einmal gemieden, doch wir brauchten wieder etwas Geld. Axel und ich hatten uns an diesem Tag getrennt, um verschiedene Telefone abdecken zu können. Während einer Flaute quatschte mich ein großer, hagerer Typ im grauen Anzug an. Er gab sich als Polizeibeamter aus und forderte mich auf mitzukommen.

Polizeibeamter? So einen kannte ich ja von zuhause. Also fragte ich nach dem Ausweis, und er erwiderte, dass er den in seinem Auto hätte. Ich sagte, dass ich nicht allein sei und mein Kumpel irgendwo dahinten. Das sei egal. Um den würde sich ein Kollege kümmern. Ich solle sofort mitkommen.

Sicherlich, du Pappnase. Wenn du bei der Polizei bist, dann bin ich da schon lange. Mein Herz pochte trotzdem wie wild. Der Typ hielt mich am Ärmel fest. Verzweifelt schaute ich mich nach Axel um und sah ihn in einiger Entfernung, wie er fröhlich weiter vor sich hin schnorrte. Soviel zu dem anderen Kollegen, der sich angeblich um ihn kümmerte. Der Typ war total nervös, weil das Ganze nicht so lief, wie er es sich gedacht hatte. Ich wartete einen passenden Moment ab, riss mich aus seinem Griff los und rannte auf Axel zu. »Axel lauf, komm mit.«

Er schaltete sofort, und wir rannten aus dem Bahnhof. Der Typ folgte uns nicht einen Zentimeter und verschwand schnell wieder in der Menschenmenge. Ja genau, später im Dienst blieb ich auch immer stehen, wenn jemand weglief.

Ironie aus. Ein paar Häuserecken weiter sahen wir uns um und atmeten erst einmal tief durch. Ich erzählte ihm die Story, und wir kamen zu dem Ergebnis, dass es in unserem Alter und mit blonden Haaren keine gute Idee war, weiter am Bahnhof zu schnorren.

Obwohl diese Abenteuer alle glimpflich ausgingen, bin ich bis heute sensibel für das Thema Pädophilie. Ich kann mich nur zu gut in die Ängste der Kinder und Jugendlichen in solchen Situationen hineinversetzen.

Kurz nach diesem Vorfall hatte Cinzia, so hieß das Mädel von Axel, eine neue Unterkunft für uns gefunden. Knappe vier Wochen waren wir jetzt bereits unterwegs. Wir wurden in einer Villa untergebracht, die auf einem Berg außerhalb der Stadt lag. Der Ausblick war wunderschön, die Villa war von Kirschplantagen umgeben, aber eben auch großflächig eingezäunt. Das Ganze hatte nur einen Haken. Wie sich herausstellte, war es eine Einrichtung für schwer erziehbare Jugendliche. In der Villa begrüßte uns ein älterer Italiener, der Chef der Einrichtung. Was die Art der Unterkunft und das Eingezäunte an Beklemmung verursachten, löste er mit seiner freundlichen Art schnell auf. Es mag Ironie des Schicksals sein, dass wir, nachdem wir gut einen Monat lang ausgebüchst waren, ausgerechnet hier Kost und Logis fanden.

Wir bekamen zum Glück ein eigenes Zimmer und unterlagen nicht den gleichen Auflagen wie unsere »Mitbewohner«. Es waren immer einige Sozialbetreuer da, die sich um Programm und Pädagogik kümmerten. Mittags kochte eine alte Italienerin, wie sie im Bilderbuche steht. Eine liebe Frau, die gute Seele des Hauses, die vor allem genial kochen konnte. Wahrscheinlich ist dieser frühe authentische Kontakt mit der italienischen Küche der Grund, warum ich auch noch heute ein echtes Faible für sie habe. Kurzum, es ging uns dort gut. Wir durften, wann immer wir wollten, die Einrichtung verlassen. Wir konnten uns von einem Betreuer in die Stadt fahren und auch wieder abholen lassen. Wir bekamen Taschengeld, das wir mit ein wenig Hilfe auf den Kirschplantagen sogar noch aufbessern konnten.

Wir genossen das Leben, hielten uns häufig an der Spanischen Treppe auf, und bald hatte ich auch ein Mädchen aus der Stadt kennengelernt. Nach drei Wochen gab es jedoch immer mehr Konflikte mit den anderen Jugendlichen. Unter ihnen gab es einige – sagen wir mal – besondere Charaktere, und sie nahmen uns unsere Freiheiten wohl ein wenig übel. Wir hatten allerdings Glück, dass wir mit dem ältesten der Jugendlichen gut klarkamen. Der Sport brachte uns zusammen, und ich absolvierte mit ihm das eine oder andere Training am Boxsack, bei dem wir beide alles gaben.

Trotzdem packte uns irgendwie das Heimweh, die Luft war raus. Über die Deutsche Botschaft stellten wir Kontakt zu unseren Eltern her. Dann ging alles ziemlich schnell, und wir fuhren mit dem Zug nach Hause, wo mich mein Vater in Hannover am Bahnhof abholte. Eigentlich dachte ich, es würde einen riesigen Anschiss geben, doch anscheinend waren meine Eltern so froh, dass ich unbeschadet wieder nach Hause gekommen war, dass sie ihren Ärger darüber vergaßen. Seitdem war das Verhältnis zu meinen Eltern wie ausgewechselt, und insbesondere mein Vater war wesentlich zugänglicher für mich. Es war eben doch ein großer Schritt in Selbstständigkeit und Erwachsensein, wie ich ihn vorher noch nicht gegangen war.

Gleich am nächsten Tag musste ich, wie früher, mit dem Zug zur Schule fahren. Dieses Mal gab es keine Zieländerung. Es war der letzte Schultag vor den Sommerferien. Am Bahnhof traf ich gleich meinen alten Klassenkameraden Svenno, und wir waren froh, einander wiederzusehen. Schließlich gab es viel zu erzählen.

Es sollte nur ein kurzes Wiedersehen werden, denn zumindest schulisch trennten sich unsere Wege hier. Die 9. Klasse musste ich wiederholen. Es sollte das letzte Mal sein, dass ich Probleme in der Schule hatte. Zumindest wegen der Noten.

Einige Wochen später erreichte mich noch ein Brief aus der Deutschen Botschaft, mit dem ich eigentlich gar nicht mehr rechnete. Als wir dort waren, hatte sich gerade der damalige Bundespräsident Richard von Weizsäcker angekündigt. Und mit der Unbefangenheit wie sie Kindern eigen ist, hatte ich gefragt ob man mir ein Autogramm zusenden könne. Das Autogramm, das mich nun in Deutschland erreichte, kam mir wie eine Urkunde und der Beweis unseres Abenteuers vor, und im Nachhinein kann ich sagen, dass es ein tolles Gefühl war, ein Autogramm eines der für mich letzten großen Staatsmänner unseres Landes zugesandt bekommen zu haben.

- VI -

Die Frage nach dem Warum

Mr. Jägermeister

Es war März 2020, und ich saß in unserer Kneipe. Wir be-
fanden uns in der ersten Corona-Welle und kurz vor dem
ersten Lockdown, und so war an diesem Abend neben mir
nur ein Gast anwesend. Er war Afroamerikaner und immer
gut aufgelegt, wenn er bei uns zu Gast war oder im Ort
unterwegs war. Aus früheren Gesprächen wusste ich, dass
er gebürtig aus Chicago stammte und hier im Ort studierte.
Mit seinen ungefähr dreißig Jahren hatte er ein eher un-
typisches Alter für heutige Studenten und entsprach auch
sonst nicht ganz dem Klischee. Er war stets adrett gekleidet
und arbeitete, wenn er in der Kneipe war, meist an seinem
Laptop. Auch ansonsten war er häufig in der Nachbarschaft unterwegs, da er anscheinend ein Kind betreute oder
bei Nachbarn aushalf. Seinen Namen kannte ich hingegen
nicht, und bei uns in der Kneipe lief er gewöhnlich unter
»Mr. Jägermeister«. Der Name ging auf die Kappe meines
Vaters. Der Amerikaner hatte ihm einmal spontan beim
Ausladen seines Autos geholfen, und mein Vater hatte ihm
seine Hilfe mit einem Glas Jägermeister gedankt. Er schien
sich immer zu freuen, wenn mein Vater ihn sah und ihn mit
seinem neuen Spitznamen rief.

Ich unterhielt mich mit ihm immer auf Englisch. Er
verstand zwar Deutsch, aber das Sprechen fiel ihm schwer.
Diesen März war es kurz vor meinem 44. Geburtstag, und
ich wusste nicht, dass ich ihn zum letzten Mal sehen sollte.

An diesem Tag musste er offenbar nichts am Laptop erledigen, und so unterhielten wir uns über allen möglichen
Kram, während der Fernseher nebenbei lief. Die Nachrich-

ten ließen uns in unserem Gespräch innehalten; es kam ein Bericht über Donald Trump, in dem das Augenmerk darauf lag, wie schlecht er die Corona-Krise managte. Ich nickte ihm mit einem wissenden Blick zu und sagte mit ironischem Unterton: »Hey schau, Euer Präsident. Jetzt hören wir mal wieder, was er alles für einen Mist macht.« Ich hatte eine andere Einstellung über die politischen Fähigkeiten des Herrn Trump.

Er schaute konzentriert weiter zum Fernseher, wo auch die folgenden Bilder und Berichte den Präsidenten der Vereinigten Staaten in ein ungünstiges Licht zu rücken versuchten. Er schaute mich an und sagte ganz ruhig: »Das ist nicht unser Präsident. Unser Präsident ist ein guter Präsident. Das dort ist völlig falsch dargestellt.«

Ich erwiderte mit etwas süffisantem Unterton: »Natürlich ist das euer Präsident. Zumindest wird er uns hier so gezeigt.« Ich merkte, dass ihm das gar nicht gefiel, er aber auch meinen Humor nicht teilen konnte, und so schauten wir uns weitere Berichte über Trump im Internet an. Er war von der tendenziellen Berichterstattung völlig geschockt, schüttelte nur den Kopf und wiederholte, dass dies nicht sein Präsident sei.

Danach sah ich ihn leider nicht wieder. Der erste Lockdown sollte folgen, und wir mussten unsere Gaststätte schließen. Von der Erfahrung dieses Gesprächs gewissermaßen bestärkt, verfolgte ich weiter regelmäßig die Nachrichten aus den USA über Donald Trump bei Facebook und auf Twitter. Die Einseitigkeit der deutschen Berichterstattung war offensichtlich. Je länger ich die Nachrichten in den USA verfolgte, kristallisierte sich für mich folgendes

Bild über Donald Trump heraus: Es fand eine Annäherung Russlands und der USA statt; Trump und Putin schienen einander als Politiker zu respektieren, wenn nicht sogar zu mögen. Auch in anderen Ländern und Politikbereichen schaffte Trump das, was seine Vorgänger nicht einmal ansatzweise hinbekommen hatten. Er schaffte Frieden und sandte seine Truppen in die Heimat. Er war der erste Präsident, der Fuß auf nordkoreanischen Boden setzte, und seine Gespräche mit dem saudischen Königshaus führten dazu, dass erstmalig Menschen ohne muslimischen Glauben die Stadt Mekka besuchen durften. Davon profitierte auch Deutschland. Meiner Ansicht nach tat er mehr für den Weltfrieden als viele US-Präsidenten vor ihm. Besonders nachdenklich und traurig macht mich an dieser Stelle, wenn ich mir überlege, wo wir heute im Jahr 2022 stehen.

Das Hygienekonzept

2015 hatte Paddy die Pacht für einen Kiosk an einem schönen See übernommen, der gefühlt am »Arsch der Heide« lag. Ich nannte den Ort gerne die größte Sackgasse der Welt. Nur eine Straße führte in das anliegende Dörfchen, und nur diese gleiche Straße führte wieder hinaus. An dem See lag eine kleine Campinganlage, und in der Saison kamen auch Tagestouristen zu diesem idyllischen Ort. Es war der Versuch, in dem hart umkämpften Feld der Gastronomie ein wenig breiter aufgestellt zu sein, und wir ließen viel Arbeit und Herzblut in das neue Projekt fließen. Zum einen legten wir eine große Holzterrasse mit Biergartenbestuhlung an, fällten einige Bäume, um Licht zu schaffen und ließen die massiven Stämme zweier Kiefern von einem Kettensägen-Künstler aus der Region zu riesigen Fischreihern gestalten.

Ein großes Sonnensegel sorgte fortan für ausreichend Schatten auf der Terrasse.

Zum anderen gaben wir uns viel Mühe, um diese neue geschaffene Fläche mit Leben zu füllen. Wir veranstalteten Konzerte, Foodtruck-Festivals oder auch mal ein Oktoberfest. Hauptsache, es war endlich mal was los in der Region. Das Ganze kostete viel Arbeit und Organisation und war oft nur mit Unterstützung von Freunden überhaupt zu stemmen. Dabei machten wir nie den großen Reibach. Am Saisonende blieb Paddy gerade so viel, um über die Wintermonate zu kommen.

Nach dem ersten Corona-Winter sollten wir ab dem 1. April unseren Kiosk eröffnen. Das sah der Mietvertrag so vor. Wir hatten uns bis dahin schon ein wenig reingefuchst, wie der Betrieb trotz Einschränkung zu regeln war. Allerdings gab es im gleichen Gebäude eine öffentliche Toilette, für deren Reinigung wir zuständig waren, und so rief ich Mitte März bei unserem Vermieter, der Gemeinde, an. Der Leiter des Ordnungsamtes, Herr Höger, solle uns bitte ein Hygienekonzept für die Toilette erstellen.

Ich erklärte ihm die Sachlage, dass wir die Reinigung in der bisherigen Form nicht durchführen konnten, da wir dafür kein Personal hätten und die Gefahr für unsere Gäste zu groß sei. Ein weiteres Problem ergab sich daraus, dass auch das Personal diese Toilette benutzen musste und so die erhöhte Gefahr einer Ansteckung bestanden hätte. Ich hoffte, dass es für solche Fälle vorgefertigte Hygienekonzepte gab, die hier anzuwenden waren, aber Fehlanzeige! Herr Höger war der Meinung, dass ein Hygienekonzept nicht erforderlich sei. Er wisse nicht, was kommen werde, aber derzeit könne ohnehin noch nicht geöffnet werden. Er werde sich kümmern, sobald es neue Erkenntnisse gebe.

Also Kneipe zu und Kiosk zu. Paddys finanzielle Mittel waren in kurzer Zeit aufgebraucht, denn die meisten Kosten liefen ja weiter, aber die Einnahmen blieben aus. Mitte April beschloss Paddy schweren Herzens, um die Aufhebung des Mietvertrages für den Kiosk zu bitten, da sie hoffte, so einige Kosten einzusparen. Sie war zu diesem Zeitpunkt auf jeden Euro angewiesen. Staatliche Hilfen konnte sie nicht beantragen, da zunächst die Eigenmittel aufgebraucht werden mussten. So stand es zumindest in den sich ständig ändernden Antragsformularen.

Paddy schrieb also unter diesen schwierigen Umständen an die Gemeinde, schilderte ihre Situation und bat um Auflösung des Mietvertrages. Hinzu kam, dass wir nach über vier Wochen immer noch nichts von der Gemeinde bezüglich eines Hygienekonzepts gehört hatten. Es ist bekannt, dass die Mühlen der Verwaltung langsam mahlen, aber wir dachten, dass alles fixer gehen müsste, wenn es doch auch im Interesse der Gemeinde war, den Sachverhalt schnell zu klären. Dass kein spezielles Hygienekonzept notwendig sein sollte, war für uns angesichts der Durchreglementierung aller Lebenssphären nur schwer vorstellbar.

Es herrschte Schweigen im Walde. Kein Gespräch oder irgendeine Unterstützung seitens des Vermieters, die Situation zu besprechen oder nach eventuellen Lösungen zu suchen. Auch die Kommunalpolitik schwieg und glänzte durch Abwesenheit. Wo war bloß unser Bürgermeister? Ich hatte ihm bereits bei Facebook über unsere Probleme geschrieben und ihm angeboten, doch einmal vorbeizuschauen. Knappe Antwort: Er gehöre zur Risikogruppe. Ah okay, dann mal schnell im Keller einschließen. Mit ihm hatte ich zuletzt zumindest auf der Ebene der sozialen Netzwerke meine Differenzen gehabt, wenn er wieder einmal Beiträge teilte, die die Grundrechtseinschränkungen kritik- und tatenlos hinnahmen und die ich dementsprechend kritisierte. Was soll's? Ich würde mich nicht wegducken und mir nicht den Mund verbieten lassen. Habe ich noch nie und werde ich auch nicht, aber ich hoffte, dass die Demokratie zumindest auf lokaler Ebene ein wenig Dissens vertragen könnte. Zumindest hoffte ich, dass diese Meinungsverschiedenheiten nicht dazu führten, dass man sich auf Dorfebene nun unterschiedlich begegnete, solange es die offizielle Beziehung zwischen Bürger und Bürgermeister betraf.

Ich kann mich noch genau erinnern, wie wir in lustiger Runde an einem Stammtisch saßen und unser Bürgermeister über den Klimawandel schwadronierte. Er warf mit völlig falschen Zahlen um sich und war der Meinung, dass Deutschland für einen weitaus größeren CO_2-Ausstoß verantwortlich sei, als in den Medien berichtet wurde. Als Quelle benannte er eine Zeitung, deren Namen ich nicht kannte.

Ich sagte nur: »Heinrich, die Zahlen sind aber nicht richtig. Das ist laut Nachrichten ein weitaus geringerer Anteil.«

Er antworte darauf: «Du musst dich nicht immer auf so viel rechten Seiten im Internet rumtreiben.« Ein super Argument ... Es tat gut, dass mir die anderen Teilnehmer am Tisch beipflichteten und ihm sagten, dass die von ihm genannten Zahlen viel zu hoch seien.

Merkwürdig - dem ehemaligen Samtgemeindebürgermeister warf er das mit den rechten Seiten nicht an den Kopf. Er zog es vor, den Tisch zu verlassen. Naja, das nur am Rande, um die Mentalität mancher Menschen zu veranschaulichen.

Aber zurück zum Kiosk. Es war Ende Mai, die Sommerferien standen in Kürze vor der Tür, der Campingplatz neben dem Kiosk füllte sich, und die Maßnahmen lockerten sich langsam. Wenn alles gutgehen würde, würde die Hauptsaison bald beginnen. Genau zu diesem Zeitpunkt meldete sich nach langer Funkstille die Gemeinde wieder bei uns. Der Gemeindedirektor Herr Schiller war am Apparat und wollte mit uns kurzfristig einen Termin im Rathaus zur Auflösung des Mietvertrages vereinbaren. Man hatte das Thema also über einen Monat ausgesessen, und wir hatten bisher nichts gehört.

Zwei Tage später trafen wir uns im Rathaus. Anwesend waren der Gemeindedirektor Herr Schiller und sein Mitarbeiter Herr Fink. Wir saßen uns entsprechend den Abstandsregeln an vier Tischen gegenüber. Herr Fink legte uns ohne viel Gerede den Auflösungsvertrag vor und bat uns, diesen zu unterschreiben. Ich las den Vertrag und stellte fest, dass unser Inventar und die von uns geleisteten Umbauten mit keinem Wort erwähnt wurden.

Also fragte ich: »Was ist denn mit unserem Inventar, der Terrasse, den geschnitzten Vögeln und den Sonnensegeln?«

Schiller antwortete kurz und knapp: »Darüber können wir nach der Saison verhandeln.«

Ich erwiderte: »Dann werden wir das nicht unterschreiben, es handelt sich um Inventar im fünfstelligen Bereich.« Schließlich ist bekannt, was aus solchen Vorschlägen letztlich in der Realität wird.

Daraufhin fing Fink aus dem Nichts an zu brüllen: »Erst wollt Ihr auflösen, und jetzt wollt Ihr nicht unterzeichnen. Das kann doch wohl nicht wahr sein.«

Ich bemerkte, dass Paddy neben mir anfing zu weinen. Die prekäre Gesamtsituation hatte sie während der letzten Monate stark mitgenommen. Schließlich ging es um ihre Existenz, und sie war nun einmal Vollblutgastronomin, die mit Liebe diesen Kiosk aufgebaut hatte und an dem ihr Herz hing.

Noch bevor Fink weiter schreien konnte, stand ich auf und sagte ihm unmissverständlich: »So, es reicht. Wir gehen. Und du hörst auf hier rumzubrüllen, sonst brülle ich auch mal.«

An meinem Blick merkte er sicher, dass ich es völlig ernst meinte. Ich bin zwar kein großer Freund vom Brüllen, aber mein Organ taugt dazu, und wenn jemand meine Paddy zum Weinen bringt oder uns für blöd verkaufen will, dann mache ich entgegen meiner Neigung auch schon mal eine Ausnahme.

Fink war kreideweiß, nahm seine Unterlagen und verließ wortlos den Raum. Noch erstaunter war ich allerdings über seinen Vorgesetzten, Herrn Schiller. Der saß nur da und ließ den Fink machen. Das erste, was er nach einer kurzen Stille fast etwas zerknirscht sagte: »Was sollen wir denn machen? Wir haben doch heute Nachmittag schon die ersten Besichtigungstermine.«

Ach, daher wehte der Wind. Das schlug dem Fass den Boden aus. Mit uns nicht sprechen, kein Hygienekonzept an Land bringen, und nun ist der Besichtigungstermin das Problem. Für mich nicht: »Dann kommen wir wohl mit.«

Am Nachmittag fanden wir uns am Kiosk ein, wo wir auf einige Bewerber trafen. Es kam auch gleich die Frage auf, was denn mit dem Hygienekonzept für die Toiletten sei. Ich musste innerlich etwas schmunzeln, obwohl mir eigentlich nicht zum Lachen zumute war. Noch besser war, als der Schiller antwortete, dass er bis vor kurzem nicht einmal gewusst habe, dass die Toilette nicht mit vermietet sei. Das war Humor nach meinem Geschmack.

Wir reichten eine Auflistung unseres Inventars bei der Gemeinde ein. Daraufhin wurde Paddy zwei Wochen später zu einer Verwaltungsausschusssitzung in einer Kneipe im Ort geladen, bei der über das Inventar und die Übernahme verhandelt werden sollte.

Paddy hatte gerade ihre Kneipe wieder öffnen können und konnte deshalb an dem Termin nicht teilnehmen. Kein Problem. Ich ging in Vertretung hin, und da ich emotional stark in die Sache involviert war und man mich sicher aus der Reserve locken würde, nahm ich meinen Vater zu der Sitzung als Ruhepol mit. Noch im Auto instruierte ich ihn: »Papa, wenn ich zu laut rede, dann hau mir bitte gegens Bein.«

Als wir am Sitzungsort ankamen, verließ ein Bewerberpärchen gerade den Hof. Der Verwaltungsausschuss fand hinter verschlossenen Türen statt. Transparenz und Bürgernähe sehen meiner Ansicht nach anders aus. Zunächst musste sogar noch geklärt werden, ob mein Vater mit in die Sitzung durfte, was nach kurzer Beratung schließlich gestattet wurde. Als wir den Raum betraten, waren wir sprachlos, etwas eingeschüchtert und fühlten uns beide an unser Berufsleben erinnert.

In dem großen Saal des Restaurants saß die vollbesetzte Mannschaft des Verwaltungsausschusses in U-Form. Vorne der Gemeindedirektor Herr Schiller, eine Schreibkraft, der Bürgermeister Herr Kaiser und der Leiter des Ordnungsamtes Herr Höger. Links und rechts saßen die gewählten Ortsvertreter und im Hintergrund diverse Ratsmitglieder, die als Zuhörer anwesend waren. Ob da sonst auch immer so ein Andrang herrschte?

Der Tisch, an dem wir Platz nehmen sollten, war in der Mitte des Raumes platziert. Es fühlte sich an, als ob wir von dem Verwaltungsausschuss auf die Hörner genommen werden sollten. Fast wie vor Gericht. Zumindest wenn man die Weitläufigkeit des Raumes betrachtete, in der die Stühle und Tische aufgestellt waren.

Der Bürgermeister eröffnete die Sitzung, indem er sagte, dass wir alle hier seien, um uns über das Inventar des

Kiosks zu einigen. Er führte weiter aus, dass die Gemeinde bereit sei, aus der eingereichten Liste die Terrasse und die Vogeldekoration zu übernehmen, wofür man bereit sei, einen Betrag X zu zahlen. Über den Rest des Inventars sollten wir uns dann mit den Nachmietern binnen drei Tagen einigen. Diese Frist würde uns gesetzt werden. Ich erinnere mich noch inhaltlich an den verbalen Schlagabtausch.

Kaiser: »Wärt Ihr damit einverstanden?«

Ich: »Ich kann das leider hier heute nicht entscheiden, da das Inventar Paddy gehört. Ich muss das erst mit ihr abstimmen.«

Kaiser: »Ich dachte, deshalb seid Ihr heute hier. Wir brauchen eine schnelle Entscheidung.«

Schiller grätschte dazwischen: »Sie müssen Ihren Mietvertrag erfüllen, und in dem steht, dass Sie öffnen müssen.«

Ich: »Ja, das ist richtig. Das konnten wir aber nicht, da uns Herr Höger trotz Aufforderung kein Hygienekonzept erstellt hat.«

Höger: »Also meines Erachtens ist ein Hygienekonzept nicht erforderlich.«

Ich: »Ich frage nochmal, ist ein Hygienekonzept erforderlich oder nicht?«

Höger: »Nein, das ist nicht erforderlich. So etwas gibt es gar nicht.«

Schiller: »Sie sind vertraglich verpflichtet zu öffnen. Das tun sie nicht, also müssen wir den Vertrag auflösen.«

Ich: »Herr Schiller, wo wir gerade bei dem Vertrag sind. Wer hat dem Eisstand, der da seit einigen Tagen steht, erlaubt, Eis zu verkaufen?«

Ruhe im Saal.

Ein Ausschussmitglied im Hintergrund brummelte vor sich hin: »Das ist doch jetzt wohl eine Frechheit.«

Ich hake nach: »Ich wiederhole die Frage noch einmal: Wer hat dem Eisstand die Genehmigung erteilt? Das ist laut Vertrag, auf den Sie sich beziehen, auch nicht statthaft.«

Schiller: »Das war die Gemeinde.«

»Wer denn aus der Gemeinde?«, bohre ich weiter nach, denn ich hatte eine Ahnung, die das ganze Schmieren-theater ein wenig erklären könnte.

Schiller: »Die Gemeinde hat das so entschieden. Eine Person muss ich dazu nicht nennen.«

Okay, jetzt war Stimmung im Saal. Die Verwaltungsaus-schussmitglieder durften Fragen stellen, und unter ande-rem meldete sich die stellvertretende Bürgermeisterin zu Wort, die damals bei der Eröffnung 2015 die Patenschaft für unseren Kiosk übernommen hatte und nun versuchte, die Wogen zu glätten: »Wir sind mit eurer Arbeit immer zufrieden gewesen, und es wäre schade, wenn Ihr nicht weitermachen würdet.«

So war auch der Tenor weiterer Ausschussmitglieder. Wenn die Situation so war, warum hatte sich dann bis dato niemand gemeldet? Und warum hatte man nicht schlicht-weg ein Hygienekonzept vorgelegt?

Das Ende vom Lied war, dass wir uns mit möglichen Nachpächtern zusammensetzen sollten, um eine Einigung über das restliche Inventar zu erzielen. Wie gesagt: binnen drei Tagen.

Wir waren gerade draußen auf dem Weg zum Auto. Mein Vater war auffallend still, bis ich ihn ansprach: »Was ist los? Du sagst ja gar nichts.«

»So etwas habe ich noch nicht erlebt. Wie Verbrecher behandeln die einen. Allein, wie wir dagesessen haben, und alles redete auf uns ein. Das werde ich jedem erzählen. Ein Unding, so etwas.«

Ich musste ihm Recht geben. Die Situation war ein Hohn gewesen. Mein Vater war lange bei der Polizei, war lebenserfahren, altersmilde und ließ sich erst zu einem Urteil hinreißen, wenn er über einen Sachverhalt eine Nacht geschlafen hatte, und so war es ungewöhnlich, dass er sich so spontan und heftig über den Vorfall äußerte.

Wir machten uns gleich am nächsten Tag daran, unseren Part zu spielen und kontaktierten die möglichen Nachmieter. Im Gespräch wurde uns schnell klar, dass sie weder Geld ausgeben noch Inventar übernehmen wollten.

Da wir das Inventar nicht verschenken wollten und es uns vorkam, als seien alle Alternativen ausgeschöpft, entschieden wir uns, den Kiosk doch selbst weiterzuführen. Doch davor wollte ich in jedem Fall mit dem Gesundheitsamt in Kontakt treten, um mir über den eigentlichen Knackpunkt Gewissheit zu verschaffen: War ein Hygienekonzept für die Toiletten nötig oder nicht?

Als die Dame am anderen Ende der Leitung mitbekam, dass die Gemeinde der Vermieter war, blockte sie plötzlich und erklärte sich für nicht zuständig. Wie nicht anders zu erwarten, verwies sie mich nach Schema F weiter, dieses Mal an das Ordnungsamt der Kreisstadt, obwohl ich mir recht sicher war, dass die Zuständigkeit beim Gesundheitsamt lag. Aber sei es drum, ich kannte den Leiter dort und rief ihn sofort an.

»Hallo Dieter. Hier ist Andreas Koch. Sag mal, unseren Kiosk am See kennst du doch. Das Ordnungsamt hier sagt, dass dafür kein Hygienekonzept für die Toiletten erforderlich sei. Wie macht Ihr das denn bei euch mit den öffentlichen Toiletten?«

Dieter war offensichtlich irritiert: »Natürlich ist da ein Hygienekonzept erforderlich. Wir haben Fremdfirmen beschäftigt, die mehrmals am Tag reinigen und alles desinfizieren. Sie müssen das Desinfektionsmittel auffüllen, und wenn es zu dreckig ist, sind sie angewiesen, die Toilette zu schließen.«

»Danke Dieter. Die Info reicht mir.«

So, Leute, nun habt Ihr aber die Rechnung ohne den Wirt gemacht. Noch am selben Abend setzte ich eine E-Mail auf, in der ich eben diese Erkenntnisse an die betreffenden Personen weiterleitete. Alle sollten nun merken, dass da wohl jemand nicht korrekt gearbeitet hatte und uns hier am langen Arm verhungern ließ.

Freundlicherweise setzte nun auch ich eine Frist von drei Tagen. Und siehe da: Gleich am nächsten Tag wurde in unserem Sinne gearbeitet und alles ermöglicht. Zack, war der Kiosk geöffnet, und Paddy stand hinterm Tresen.

Hätte das nicht von Anfang an so laufen können? Uns allen wären viel Arbeit und einige düstere Gedanken auf beiden Seiten erspart geblieben.

Corona is coming

Was habe ich mich bis zu dem jetzigen Zeitpunkt an dem Thema Corona aufgerieben! Zum einen haben mich die sogenannten Corona-Schutzmaßnahmen, die für mich in erster Linie Grundrechtseinschränkungen sind, dafür sensibilisiert, wie brüchig die Freiheiten von uns Bürgern sind, wie schnell und unter welch fadenscheinigen Gründen sie uns weggenommen werden können. Zum anderen irritiert mich seit Beginn der Pandemie im Besonderen und sicherlich auch schon vorher im Allgemeinen ein gewisses Zusammenspiel zwischen Politik und Medien. Ich rede nicht von Staatsmedien und DDR-Presse, aber Attribute wie »tendenziös« und »einseitig« fallen mir schnell ein, wenn ich über die Berichterstattung der letzten Jahre nachdenke.

Dabei zeigte sich im öffentlichen Diskurs etwas, das auch in anderen Lebensbereichen unter dem neuenglischen Begriff der »Cancel Culture« zu erleben ist. Unliebsame kritische Stimmen, die der offiziellen Linie widersprechen, werden diffamiert, mundtot gemacht und die Sprecher ins gesellschaftliche Aus gestellt. Zum einen geschah dies mit Wissenschaftlern und Medizinern, die Kritik an dem geltenden Narrativ ausübten, wobei die bisherige Entwicklung der Pandemie vielen von ihnen nachträglich Recht gibt und den enormen Einschränkungen die Legitimität und Verhältnismäßigkeit entzieht. Das Urteil des Bundesverfassungsgerichts dazu empfinde ich als Farce. Zum anderen wurden Persönlichkeiten des öffentlichen Lebens schnell an den gesellschaftlichen Rand gedrängt und mit

einschlägigen Begriffen gebrandmarkt, wenn sie freiheits-
liebend die Maßnahmen hinterfragten.

Des Weiteren betreiben Journalisten ein bewusstes Framing, mit dem die Berichterstattung, aber auch der Umgang mit Quellen der Ergebnisoffenheit beraubt und in
eine bestimmte Ecke gestellt wird. Ich erinnere mich beispielsweise daran, dass jemand aus der Bundespolitik bei
Frau Hayali im Morgenmagazin zugeschaltet war und zu
den Ergebnissen der neuen Ministerpräsidentenkonfe-
renz interviewt wurde. Bevor der Politiker die Ergebnisse
überhaupt darstellen konnte, stellte die Journalistin Fragen,
die allesamt darauf hinausliefen, dass die Beschlüsse nicht
weit genug gingen. Das ist meiner Meinung nach nicht in
Ordnung. Es ist wichtig, dass der Journalist hinterfragt und
dass er selbstzufriedenen Politikern auf den Zahn fühlt.
Wir haben es sicherlich alle satt, die ewigen Phrasen wie:
»Es waren vier gute Jahre für Deutschland«, oder: »Wir
sind stolz auf die Arbeit dieser Bundesregierung« zu hören. Solches Selbstlob muss kritisch angegangen werden,
aber es darf nicht sein, dass in den öffentlich-rechtlichen
Medien die Richtung zu einem Beitrag, der die Pandemie-
Beschränkungen behandelt, von Anfang an feststeht.

Privat erlebte ich das gleiche, wenn ich mich beispielsweise auf Facebook um eine Darstellung auf der Basis
ausgewogener Quellen bemühte und dafür arg und unverhältnismäßig angefeindet wurde. Wenn es einem politischen Herrschaftssystem gelingt, seine Bürger so ab-
zurichten, dass sie dessen Ansichten mit vorauseilendem
Gehorsam und einer solchen Bissigkeit verteidigen, auch

wenn sie selbst die Leidtragenden sind, dann ist das ein exzellentes Beispiel für gelungene Propaganda im eigentlichen Sinne. Ich respektiere andere Auffassungen, aber ich bemängele es, wenn sie ohne kritisches Nachdenken oder Eigeninitiative entstanden sind. So zerfleischen wir uns im öffentlichen Diskurs lieber gegenseitig, anstatt jenen auf die Finger zu schauen, deren Handeln zuletzt häufig an den Grenzen der Legitimität vorbeiging. Ich für meinen Teil vergesse nicht all die »Maskenskandale« und wie häufig gestern Gesagtes schon am nächsten Tag nicht mehr galt und »korrigiert« wurde.

Hier ist ein kleiner Exkurs notwendig. Ich finde es unfassbar, dass heutzutage der normale Politiker keine Verantwortung mehr für seine Fehler übernimmt. Gefälschte Lebensläufe, Gedächtnisverlust bei Affären, die die Bevölkerung Milliarden an Steuergeldern kosteten, Korruption (die in westlichen Ländern den schönen Namen Lobbyismus trägt); Fehltritte sind allgegenwärtig, aber Rücktritte sind die Ausnahme. Wenn gar nichts mehr geht, werden eben Zeilen geschwärzt, und die notwendigen Handydaten sind plötzlich gelöscht. Denken wir an den Fall von der Leyen und die Berateraffäre oder das riesige Fiasko der Pkw-Maut, die aus dem pubertären Ego von Herrn Scheuer geboren wurde. Wie ist das möglich? Wenn ein normaler Bürger in einer solchen Situation ist, ein Verdachtsmoment besteht, aber die Daten plötzlich verschwunden sind, dann findet der Staat Mittel und Wege, um diese wieder zu beschaffen. Nur bei denen soll das nicht möglich sein? Wo ein Wille, da ein Weg, aber es gibt offensichtlich eine kalkulierte Willenslosigkeit, und das Gedächtnis der Bürger vergisst schnell. Das ist zumindest kurios. Diese Fälle haben eine solche Regelmäßigkeit erreicht, dass sie in der kollektiven Wahrnehmung nicht einmal mehr besonders viel Empörung auslösen. Falls doch einmal unangenehm große Aufmerksamkeit und helles Scheinwerferlicht auf jemanden fallen sollten, dann beginnt das große Posten-Geschacher, bei dem viele ihre persönlichen Umstände selten verschlechtern müssen. Die Werte, die ich jetzt schon seit Jahrzehnten stolz, aber wie einen mühsamen Ballast durchs Leben schleppe und mit denen ich oft angeeckt bin, scheinen in anderen gesellschaftlichen Sphären wenig geachtet zu werden.

Allein seit Corona nahmen die Verfehlungen des Staates in einer solchen Art und Weise zu, wie sie nicht mehr hinzunehmen ist. Es fing an mit diversen Masken-Skandalen, die sich um die Person des ehemaligen Gesundheitsministers Jens Spahn zutrugen, und ging mit seiner Charity-Aktion für Apotheker weiter, bei der diese völlig überhöhte Preise für die Abgabe von FFP2-Masken bekamen. Einigen Apotheken in Deutschland wurden über 100.000 Euro beschert. Die guten Kontakte des Herrn zur Apotheker-Lobby sind kein Geheimnis.

Kurz darauf wurde es ebenso findigen wie zwielichtigen Geschäftsleuten ermöglicht, Testzentren zu eröffnen. Eine Kontrolle dieses neugeschaffenen Geschäftsfeldes gab es nicht, dafür aber eine üppige Testpauschale. Die Krankenhäuser erhielten ihrerseits dank diverser Freihaltepauschalen und Extrazahlungen im Jahr 2020 zusätzliche über

10 Milliarden Euro, behandelten aber gleichzeitig über 10 Prozent Patienten weniger; die Aktionäre rieben sich die Hände, während das Personal mit lieben Worten vertröstet wurde. Die Abwesenheit von Kontrolle und Kompetenz und die Verstrickungen zwischen Politik und Wirtschaft führten dazu, dass der Fiskus des deutschen Staates zu einer Art Selbstbedienungsladen wurde, aber weit und breit ist kein Untersuchungsausschuss zu sehen, der all die Versäumnisse aufarbeitet.

Mittlerweile ist unsere Gesellschaft wegen der vielen Regulationen gespalten. Für oder gegen den Wolf, E-Auto oder Verbrenner, rechts oder links, unbedingt modern oder vermeintlich altbacken, um nur einige Beispiele zu nennen. Die Trennlinien verlaufen überall. Ich selbst finde mich in keiner der Parteien wieder, die sich bei uns tummeln. Mir wäre wichtiger, ein gesellschaftliches Zusammenleben mit so wenig Staat und so viel Freiheit wie möglich anzustreben. Mittlerweile habe ich das Gefühl, dass sich nach jeder Wahl die Farbe der Lok am Zug ändert, doch der Zug immer noch in dieselbe Richtung fährt. Viele der momentanen politischen Themen auf der Agenda (die nun einmal zum Großteil aus der grünen Ecke gesetzt werden), wie die Legalisierung von Drogen, die Mehr-Ehe, sexuelle Früherziehung, all jene Aspekte, die derzeit unter dem Sammelbegriff der »Identitätspolitik« ihren Höhenflug haben, oder auch im Allgemeinen die von mir kritisierten Freiheitsbeschränkungen in der Pandemie. Für mich hat es den Anschein, als ob viele dieser »policies« bewusst genutzt werden, um die Bevölkerung zu spalten und den gesellschaftlichen Zusammenhalt zu zerrütten.

Aus herrschaftstheoretischer Sicht wäre das kein ungewöhnliches Vorgehen. Soweit der kleine Exkurs zu meiner Denke und meinem Gefühlsleben.

Zurück zum Beginn der Pandemie: Neben einer generellen Besorgnis über die Entwicklung wurde für mich alles sehr persönlich mit der Maskenpflicht. Seit meinem fünfzehnten Lebensjahr leide ich an Herzrhythmusstörungen, die mit zunehmendem Alter und dem Verschleiß in der Polizei immer schlimmer geworden sind. Man muss es sich so vorstellen, dass der Herzrhythmus von Ruhepuls auf bis zu 160 Schläge pro Minute umspringt. Ohne Vorwarnung. Dann habe ich das Gefühl, mir steht jemand auf der Brust. Ich kann das mit Atemtechniken in den meisten Fällen wieder selbst regulieren. Zweimal habe ich mich aber auch im Krankenhaus wiedergefunden, weil der »Normalbetrieb« sich einfach nicht wieder einstellen wollte.

Wenn ich nicht frei atmen kann, treten diese Störungen vermehrt auf. Auch beim Sport habe ich damit häufig Probleme. Deshalb wurde ich von der Maske befreit, zumal ich sie sowieso absetzen müsste, um meine Atemübungen zu machen, die den Herzschlag regulieren. Aus medizinischer Sicht war die Berechtigung für ein solches Attest kein Problem, aber wäre es das Gleiche in meiner Umwelt?

Situation 1:
Ich stehe beim Arzt, um mir mein Attest abzuholen. Auf das Wartezimmer und die dort herrschende Stimmung habe ich keine Lust und stelle mich stattdessen lieber vor die Tür und warte auf meinen Aufruf. Ich bin vor dem

Gebäude unter freiem Himmel und nicht allein dort. Die Angst vor dem neuen Virus treibt anscheinend viele Menschen aus ihrer Komfortzone. Die hier Wartenden schauen mich schon schief an, aber ich bin eigentlich gut gelaunt und lasse sie glotzen.

Dann kommt ein älterer Herr auf uns Wartende zu, der offensichtlich in die Praxis möchte. Niemand steht den anderen auf dem Fuß, es herrscht Abstand und die gewohnte Wartezimmer-Diskretion. Meine Erziehung gebietet es mir, bei Blickkontakt freundlich einen guten Morgen zu wünschen. Der Herr schaut mich an und erwiderte den Tagesgruß garstig: »Maske? Wo ist ihre Maske?«.

Ich sage nur: »Guten Morgen erst mal. Ich brauche keine Maske zu tragen, genau aus diesem Grund bin ich hier. Außerdem befinden wir uns beide doch unter freiem Himmel. Hier besteht keine Tragepflicht.«

Natürlich kann ich mir auch nicht verkneifen, noch einzuwerfen, ob er denn hier der Kontrolleur sei. Anscheinend greift die Blockwart-Mentalität in letzter Zeit immer mehr um sich. Ein kluger Kopf hat einmal gesagt, dass im Krieg die Wahrheit das erste Opfer sei, und in der Pandemie scheint es der gesunde Menschenverstand zu sein.

Alle anderen schauen nur zu Boden, als ich in die Runde lächele. Ich denke nur: Schlimm, was innerhalb kürzester Zeit hier abgeht. In der Praxis klappt dann alles Weitere problemfrei, aber am Abend soll es eine weitere Episode geben.

Situation 2:

Ich sitze mit einem Kumpel und meinem Patenkind bei uns im Biergarten und erzähle ihnen, dass ich das Attest zur Maskenbefreiung bekommen habe. Für meinen Kumpel auch kein Problem, denn er kennt ja meine Probleme mit der Pumpe.

Am Nebentisch jedoch sitzt ein Gast, der das Ganze mitbekommt und seinen Unmut darüber äußert. Wie sich herausstellt, weiß er gar nichts von meinen gesundheitlichen Problemen. Nach außen hin bin ich schließlich noch einer der Jüngeren und fit. Ich erkläre meine Situation und weise ihn darauf hin, dass er sich mit seinen Herzproblemen ebenso von der Maske befreien lassen könnte. Seine Antwort: »Nö, ich mache lieber das, was alle anderen auch machen, so falle ich wenigstens nicht auf.«

Sicherlich ein Argument, aber für mich keines, das gelten darf, zumal es berechtigte medizinische Gründe gibt.

Diese Anekdoten gaben mir schon relativ früh einen Ausblick darauf, was in den kommenden Monaten gesellschaftlich bei uns los sein sollte. Was früher in Schule und Jugend lapidar Gruppenzwang hieß, existiert später offenbar auch noch in einer politisierten und komplexen Form.

Tag der Freiheit

Zu dieser Zeit war noch nicht zu ahnen, welche Ausmaße das Ganze annehmen sollte. Die Beschränkungen unserer Freiheit wurden immer drastischer, und die Stimmen, die sowohl die Gefährlichkeit als auch den Ursprung des Virus anzweifelten, wurden eklatant überhört oder als unglaubwürdig dargestellt. Aus heutiger Sicht ist es interessant, wie die »Labor-Hypothese« über all die Zeit immer wieder auch von offizieller Seite diskutiert wurde.

So sah ich beispielsweise – noch ziemlich am Anfang der Corona-Krise – ein Video des französischen Virologen und Nobelpreisträgers Luc Montagnier mit deutschem Untertitel. Dieser hatte mit zwei Forscherteams das Virus untersucht und kam auf Basis der vorliegenden Daten zu dem Schluss, dass das Virus in einem Labor entstanden sein müsse. Abschnitte des Virus, die mit dem HI-Virus identisch sind, weisen darauf hin. Neben diesem großkarätigen Wissenschaftler kam noch ein weiteres Forscherteam zum gleichen Ergebnis, das seine These stützte.

Weil ich ein kritischer Mensch bin und mir bewusst ist, wie leicht Manipulation in unserem Medienzeitalter sein kann, erkundigte ich mich bei einem fließend französisch sprechenden Bekannten, der mir die Authentizität der Untertitel bestätigte. Kurz darauf war das Video sowohl bei Facebook als auch bei YouTube gelöscht. Ein Schelm, wer Böses ahnt?

Die Kritik an den Corona-Maßnahmen ist vielfältig. Natürlich möchte ich nicht abstreiten, dass es dieses Virus gibt, aber ich kritisiere die Art und Weise, mit der es politisch ausgeschlachtet wird. Zum einen ist die Empirie anzuzweifeln, die all die Maßnahmen legitimieren soll. Angefangen mit den offiziellen Zahlen des RKI, die weiß Gott häufig genug »korrigiert« werden, über die totale Überlastung der Gesundheitsämter, die eine akribische, realitätsnahe Feststellung der Situation nicht mehr zulassen, und schließlich mit der Zahl der Intensivbetten, die sich mit der Zeit als neuer grundlegender Indikator herausgestellt hat, aber von Anfang an falsch angegeben wurde. Die Daten werden anscheinend nicht richtig erfasst und dabei nur angegeben, wenn sie dem politischen Kalkül der Bundesregierung von Nutzen sind.

Am augenscheinlichsten wird die Färbung der Zahlen bei der Betrachtung, ob jemand mit oder an Corona gestorben ist. Die tatsächliche Sterberate seit Corona scheint zumindest im Jahr 2020 keineswegs höher als üblich zu sein, und schließlich ist das deutsche Gesundheitswesen weit davon entfernt, in der Lage zu sein das »normale« Niveau an Sterbefällen zu obduzieren, ganz zu schweigen davon, dass viele Angehörige davon zurecht lieber absehen würden. Aber wo ist dann die Pandemie? Womit werden die extremen Grundrechtseinschränkungen gerechtfertigt, die manch einen die Existenz kosteten?

Das ganze Drama über die Impfungen und die tatsächliche Nutzlosigkeit der Impfstoffe ist ein weiterer Punkt. Schließlich waren die häufig angepriesenen mRNA-Impfstoffe – die für mich keine Impfstoffe im eigentlichen Sinn, sondern eine Gen-Therapie sind – nicht in der Lage die »Corona-Wellen zu brechen«. Aber der Fisch ist nun am Haken und kann beliebig oft eingeholt werden. Wie ist es möglich, dass Steuergelder in die Entwicklung der vermeintlichen Impfstoffe gestopft werden und diese Unternehmen jetzt den großen Reibach machen? Mit Hilfe einer Notfallzulassung wird etwas gespritzt, das in normalen Zeiten niemals eine Zulassung bekommen hätte. Die Folgen sind unabsehbar. Alle Impfwilligen nehmen mehr oder minder freiwillig an einer Studie teil und damit schon vor dem »Piks« die Pharmaunternehmen aus der Haftung. Allein das verniedlichende Wort »Piks« ist für mich schon eine Farce.

Die offizielle Informationskampagne tut ihr Übriges, um die Menschen in diese Richtung zu drängen. Unverhohlen liegt die Drohung im Raum, uns die neugewonnen Privilegien, die vor allem erst einmal Grundrechte sind, nach ein paar Monaten wieder wegzunehmen. Die Bürger wurden in eine Spirale getrieben, aus der es offenbar kein Entkommen gibt. Bei alledem liegt es mir fern, jemanden davon abzuhalten, sich impfen zu lassen, aber ich möchte sehr wohl selbst über meinen Körper entscheiden. Der mal mehr, mal weniger subtile Druck, der zum einen von offizieller Seite, aber auch inzwischen innerhalb der Gesellschaft von selbsternannten Hilfs-Sheriffs ausgeht, ist für mich ein einziges Unding. Unser Pandemie-Onkel Lauterbach, der sich in seiner Rolle des großen Mahners und Propheten gut gefällt und ein Horrorszenario nach dem nächsten an die Wand malt, gibt dafür natürlich einen guten Rahmen her.

Denken wir an den prominenten Fall des Fußballspielers Joshua Kimmich, der sich wegen der schlechten Datenlage um mögliche Langzeitfolgen zunächst gegen eine Impfung entschied und abwarten wollte. Er sprach sich in keiner Art und Weise generell ablehnend gegen eine Impfung aus, sondern wollte schlichtweg erst einmal abwarten. Schließlich ist es nicht leicht einen kühlen Kopf zu behalten, wenn die Herde in Panik geraten ist. Egal, ob mit kostenlosen Tests oder nicht: Er hat die finanziellen Mittel und die Infrastruktur um sich herum, um auch als Ungeimpfter die willkürlich gesetzten »Sicherheitsstandards« zu erfüllen. Meiner Meinung also alles kein Problem, schließlich liegt die Entscheidung bei jedem Einzelnen. Angesichts des Affenzirkus und der Hexenjagd, die sich zuletzt um seine Person entwickelte, kann man nur die Hände vor den Kopf schlagen. Keine große Zeitung ließ das Thema aus, um dann mit zumeist bösartigen Artikeln aus dem Dünkel ihrer Leserschaft Kapital zu schlagen. In einer interessanten Abwandlung von Häme und vom Groll »gegen die da oben« wird die Hetzjagd von vielen bereits Geimpften mit Freude verfolgt. In solchen Momenten zeigt sich die Natur des Menschen immer am besten.

Abseits von all dem Geschehen um das Virus selbst ist die Pandemie auch datenrechtlich ein Desaster. Die staatliche Kontrolle hat nicht zuletzt auch mit der Einführung der Corona-Warn-App, bei der datenschutzrechtliche Einwände unter den Tisch gekehrt wurden, extrem zugenommen. Automatischer Datentransfer über die Corona-Warn-App, digitale Übermittlung von Testergebnissen an die Gesundheitsämter, Bewegungsprofile über die Luca-App usw.: Das Sammeln, Einordnen und Weiterleiten von Daten nahm mit der Pandemie extrem zu, doch leider liegt

es in der Natur der Sache, dass sich das rechtliche Schutz-
gerüst unserer individuellen Freiheiten, in diesem Sinne der
Datenschutz, sich in der Krise nicht parallel zu den realen
Entwicklungen entfaltet. Deutschland hat die Digitalisie-
rung bekanntlich verschlafen, und so macht unser Land in
der Konsequenz nun auch beim Datenschutz keine gute
Figur. Für unsere Law-and-Order-Innenpolitiker ist eine
solche Ausnahmesituation natürlich ein volles Reservoir,
aus dem man fröhlich und fortwährend schöpfen kann.

Die Empirie zeigt, dass einmal in Krisenzeiten beschlossene Beschneidungen der individuellen Freiheit im Nachhinein ungern wieder hergegeben werden. Ein schönes
Beispiel dafür ist der nach den Anschlägen des 11. Sep-
tember in den USA beschlossene Patriot Act, der seitdem
als innenpolitisches Brecheisen dient. Sollten Grundrechtseinschränkungen doch wieder rückgängig gemacht
werden, wird uns wie an den »Freedom Days« etwas mit
großer Geste zurückgegeben, das uns vom Grundgesetz
zugesichert ist. So sagte Guido Westerwelle bereits 2008,
dass Freiheit immer zentimeterweise sterbe und in einem
späteren Teil seiner Rede weiterführend, dass es gefährlich
für die Freiheit sei, wenn die Bürgerinnen und Bürger ihr
eigenes Immunsystem vergessen, das sie gegen die Frei-
heitsbedrohung wappnen müsse.

Aus einigem Abstand zu dem Geschehen ist die »Coro-
na-Pandemie« nur das neueste Symptom eines faulen Sys-
tems, das wir Gesundheitswesen nennen, das aber letztlich
ein Krankenwesen ist. Mit der fast flächendeckenden Pri-
vatisierung von Krankenhäusern hat sich ein Übel ausge-
breitet, das sich selbst am Leben erhält. Was ist von einem

solchen System zu halten, das kaufmännische Interessen über eine ganzheitliche medizinische Betrachtung stellt? Von coronaspezifischen Phänomenen wie die höchst lukrative pauschale Abrechnung seitens der Krankenhäuser, ohne dass die einfache Belegschaft etwas davon abbekommt, bis zur Intensiv- und Palliativmedizin im Allgemeinen. In vielen Fällen werden Menschen am Leben erhalten, bei denen der Tod nur unter großem Kraftaufwand und häufig unter vielen Unannehmlichkeiten aufgehalten wird. Einzig eine Patientenverfügung kann einen vor diesem langen Weg bewahren, der für die Angehörigen wie auch für den Patienten selbst ein großes Leid darstellt.

Es mag Fakt sein, dass man den Kranken nicht helfen kann, aber man doktert trotzdem an ihnen herum, verlängert den Sterbeprozess und kann sich damit binnen kürzester Zeit eine goldene Nase verdienen. Viele Menschen, die sich mit dem Thema nicht auseinandergesetzt haben und womöglich dann nicht mehr in der Lage sind, selbstbestimmt zu entscheiden, stehen dann vor dem Dilemma, dass die Auffassungen der Angehörigen leider nicht mit kühlem Kopf gedacht werden und sich von dem unterscheiden, was »richtig« wäre. Aus meiner Sicht sollte es wie folgt sein: Therapien, die den Sterbeprozess künstlich verlangsamen, ohne dass dabei eine Verbesserung der Lebensqualität stattfindet, sollten nur mit Patientenverfügung genehmigt sein. Ansonsten Finger weg!

Wie sind wir dazu gekommen, mit etwas so Natürlichem wie dem Tod auf eine so befremdliche Art und Weise umzugehen? Ein Staat darf nicht zulassen, dass seine Bürger in gesundheitlichen Fragen oder in Fragen des Todes in diese Spirale der Gier gezogen werden, in denen meiner Ansicht nach der so oft gepriesene erste Artikel unseres Grundgesetzes seine Geltung verliert.

Häufig scheint es mir so, als ob Angst zu einer Art zweiten Währung innerhalb des »Gesundheitswesens« geworden ist. Wer Angst hat, denkt nicht klar und wird sich im Zweifel auch eher zu Behandlungen drängen lassen, die seinem eigenen Körpergefühl entgegenstehen. Manchmal findet dies im Kleinen statt, wenn beispielsweise das Mittel X, das nicht auf die leichte Schulter genommen werden sollte, schon einmal verschrieben wird, anstatt zuerst andere Wege zu gehen. Manchmal findet es aber auch auf einer anderen Ebene statt, wenn beispielsweise nach Schema F eine Chemotherapie empfohlen wird. Besonders bitter ist bei diesem Beispiel allerdings, wenn die empfohlene Therapie keine Besserung mit sich bringt und die verbleibende Zeit nur unerträglich macht und allem Anschein nach nicht einmal verlängert. Die Frage, ob eine Chemotherapie das Leben tatsächlich verlängert, konnte mir bisher noch niemand klar beantworten. Fest steht für mich: Solange unsere medizinische Infrastruktur der Logik des Marktes unterworfen ist, diskreditiert sie ihre eigenen Behandlungsmöglichkeiten, und Ärzte treten in einer systemischen Beobachtung des Ganzen als Nutznießer der Struktur auf.

Es ist also nicht zu übersehen, dass das Thema bei mir große Wellen geschlagen und mich auch außerhalb der direkten Pandemiesphäre zum Nachdenken angeregt hat. Die Unstimmigkeiten des Pandemiegeschehens, die politische Ausschlachtung und die tendenzielle Berichterstattung unserer Medien: Für mich passte da einfach vieles nicht zusammen. So kam es mir gelegen, als am 1. August 2020 zur Demonstration unter dem Motto »Das Ende der Pandemie - Tag der Freiheit« nach Berlin gerufen wurde. Es war eine Demonstration gegen die Einschränkungen unserer Grundrechte, die von breiten Teilen der Gesellschaft getragen wurde. In unseren Medien hingegen war nur die Rede von Reichsbürgern, Coronaleugnern oder Querdenkern, und manch ein Blatt war sogar so vermessen, wegen einiger Verwirrter bei der Bewertung von vielen tausend Menschen noch wesentlich schlimmere Worte zu drucken.

Ich war neugierig genug, mir mein eigenes Bild machen zu wollen. Meine letzte Demonstration lag schon einige Jahre zurück, und damals stand ich noch in Montur auf der anderen Seite. Wie würde es also dieses Mal werden? So ging es mit meinem Kumpel Daniel auf nach Berlin.

Das Wetter an diesem Tag war wunderbar - strahlender Sonnenschein. Am Vormittag kamen wir am Tiergarten an und gingen zu Fuß zur Straße des 17. Juni. Etwa in der Hälfte der Straße, zwischen dem Brandenburger Tor und der Siegessäule, stand eine große Bühne, die von beiden Seiten einsehbar war. Große Lautsprecherboxen standen in beide Richtungen die Straße entlang. Dem Demonstrationsaufzug wollten Daniel und ich uns nicht anschließen; stattdessen wollten wir uns ein lauschiges Plätzchen bei der Abschlusskundgebung sichern. Anscheinend waren wir nicht die einzigen mit dieser Idee. Die Straßen füllten sich zunehmend, und aus der Vorahnung, dass es richtig voll werden würde, wurde langsam Gewissheit.

Neben den vielen kleineren Gruppen kam plötzlich auch der Demonstrationszug vom Brandenburger Tor in Sicht. Sie alle strömten aus dieser Richtung auf die Straße des 17. Juni zu. Aus den Lautsprechern kam die Aufforderung, in Richtung Siegessäule weiterzugehen, um den Nachkommenden Platz zu machen, und so bewegten auch Daniel und ich uns auf diese Seite.

Selbst im Tiergarten rechts und links der Straße waren überall Menschen. Auch wenn ich während meiner Zeit bei der Bereitschaftspolizei einige große Demonstrationen begleitet hatte, hatte das Ganze für mich an diesem Tag ein bisher noch nicht erlebtes Ausmaß.

Nachdem sich die Masse halbwegs verteilt hatte, ging das Programm der Abschlusskundgebung los. Neben diversen Redebeiträgen gab es auch einige musikalische Darbietungen. Wenn ich den Blick über die Köpfe schweifen ließ und meine Nachbarn anschaute, schien es mir, als seien alle Schichten der Gesellschaft vertreten. Auffällig war nur, dass die jüngere Generation an diesem Tag der Freiheit nicht sehr zahlreich vertreten war.

Es herrschte eine friedliche und ausgelassene Stimmung, und die Menschen waren gut gelaunt und freuten sich über ihr zivilgesellschaftliches Engagement. Die Redner bedankten sich auch immer wieder bei den Polizeikräften für ihren Einsatz, und nach einigen Redebeiträgen traten dann allerdings die eben noch gelobten Einsatzkräfte auf die Bühne und drehten den Rednern den Saft ab, was umgehend zu lautem Unmut bei den Demonstrationsteilnehmern führte. Die offizielle Begründung war, dass die Versammlungsteilnehmer die Abstände nicht einhielten und auch keine Masken trugen. Die Demonstration blieb trotzdem friedlich, auch wenn sie nun offiziell als beendet galt.

Für mich ist die Versammlungsfreiheit ein hohes Grundrecht, und die Auflösung einer Versammlung bedarf meiner Ansicht einer besonderen Prüfung. Schließlich sprechen wir in diesem Kontext von Ordnungswidrigkeiten, die begangen wurden. Ist es verhältnismäßig, wenn Ordnungswidrigkeiten zur Auflösung einer Demonstration dieser Größenordnung führen?

Das kannte ich aus meiner Berufserfahrung von vielen linksradikalen Demos anders, bei denen sich der schwarze Block regelmäßig vermummte und damit schon von vornherein gegen das Vermummungsverbot verstieß. Bei vielen Einsätzen wurden diese Verhaltensweisen aus Gründen der Deeskalation einfach toleriert. Daniel und ich fügten uns trotz der Kritik am offiziellen Vorgehen der Auflösung der Demonstration und machten uns mit vornehmlich positiven Erfahrungen auf den Heimweg.

Am nächsten Tag trat schnell Ernüchterung ein, als ich erfuhr, was die Medien über das Geschehen des gestrigen Tages zu berichten wussten. Es war von knapp 20.000 Teilnehmern die Rede. Offenbar war wohl in der gewohnt unachtsamen Manier, die in den Medien zuletzt zu beobachten ist, eine Null vergessen worden. Wenn ich mir nun zum jetzigen Zeitpunkt die Bilder der Demonstration gegen den Krieg in der Ukraine anschaue und von einigen hunderttausend Demonstranten die Rede ist, dann beschleicht mich ein Gefühl, wie unsere Medien an dieser Stelle im Sinne der Politik berichten.

Die nächste große Demonstration gegen die Corona-Maßnahmen war damals noch im gleichen Monat unter dem Motto »Berlin invites Europe - Fest für Frieden und Freiheit« angekündigt. Ich war mir sicher, dass an diesen Tag noch mehr Menschen nach Berlin kommen würden, die die negative Berichterstattung über die vorhergegangene Demonstration irritiert hatte. Für diesen Tag hatte sich auch der Neffe von John F. Kennedy, Robert Kennedy Junior, angekündigt. Wenn wir uns die Historie anschauen, ist dies eine schöne Symbolik, die sich auch im Motto der Demonstration widerspiegelte.

Gemeinsam mit Daniel und Svenno ging die Reise am 29. August nach Berlin. Wie zu erwarten war, hatte sich die Teilnehmerzahl noch erhöht. Die Menschenmassen standen auf der Straße des 17. Juni, über den großen Stern hinaus auch in die dort angrenzenden Seitenstraßen. Hier erlebten wir mit, wie Robert Kennedy Junior den Satz seines Onkels »Ich bin ein Berliner« wiederholte. Zuvor hatte er in einer scharfsinnigen Rede von den Verstrickungen zwischen Politik und Pharma-Lobby gesprochen, von einem System, das das Wohl der Bürger und Bürgerinnen der Gier einiger Weniger geopfert hatte. Er sprach darüber, wie Freiheitsrechte und die Demokratie in Zeiten der Pandemie unverhältnismäßig eingeschränkt werden und wie dies zur absoluten Überwachung und Enteignung führen werde. Wir waren froh darüber, diese große, ich würde sogar sagen, historische Rede vor Ort miterleben zu dürfen.

Der Punkt, an dem wir nun Anfang des Jahres 2022 stehen, scheint viele seiner Thesen und Befürchtungen zu bestätigen.

Der Ukrainekrieg ist gerade etwas mehr als vier Wochen im Gange, und wir werden über die Inflation tätig enteignet. Die Regierung verschuldet uns mit immer weiteren Krediten, die den Krieg in der Ukraine unterstützen und weiter anfachen. Die meisten Kontrollmaßnahmen sind aufgehoben, aber zunächst nur ausgesetzt. Ich frage einen jeden: Wo stehen wir an diesem Punkt?

Auch wenn wir den sogenannten »Sturm auf den Reichstag« selbst nicht mitbekommen hatten, gingen wir doch später am Ort des Geschehens entlang, um uns einen Eindruck von den Vorfällen zu verschaffen. Mein erster Eindruck war auch nach dem Geschehen, das später als »Sturm auf den Reichstag« propagiert wurde, wie erstaunlich wenig Polizei hinter der Absperrung stand. Auf Seiten der Demonstranten waren es sicherlich noch immer einige hundert Personen, und auf der anderen Seite standen wohl nicht einmal 20 Polizisten. Wenn die große Menge gewollt hätte, wären sie noch einmal durch die Absperrung gegangen. Angesichts der Erfahrung des Tages ist es für mich unverständlich, wie man diese Situation nur so ungenügend hatte sichern können. Ebenso wenig kann ich nachvollziehen, warum genau in der Nähe des Reichstags eine Bühne aufgebaut war, von der eine Sprecherin auch dazu aufrief, die Absperrungen zu überwinden. Von wem wurde das genehmigt?

Auch bei der Überschreitung der Absperrung stellen sich einige Fragen: Warum waren an dieser kritischen Stelle nur so wenige Beamten eingesetzt? Warum hinderten sie die Demonstranten nicht daran durchzudringen? Warum dauerte es dermaßen lange, bis die Demonstranten wieder von der Treppe entfernt waren? Auch hier stellt sich die Frage, ob es einfach nur eine blauäugige Unfähigkeit von Seiten des Staates war oder ein bestimmtes Ereignis möglicherweise auch hervorgerufen werden sollte - aus politischem Kalkül. So standen am Ende ein paar verwirrte Hansel auf den Treppen des Parlaments. In allen Medien war von dem »Sturm auf den Reichstag« zu lesen und zu hören. Das hört sich gut an, das hat Biss und malt dunkle Szenarien an die Wand des öffentlichen Bewusstseins. In den tatsächlichen, vollständigen Aufnahmen kann ich davon weiß Gott allerdings nicht sehr viel erkennen. Das Framing ließ die Bilder brisanter erscheinen, als sie eigentlich waren, und sofort wurden sie von den Medien genutzt, um das freiheitliche Begehren von vielen tausend Menschen als staatsfeindlich und gewaltvoll zu diskreditieren. Diese unrühmliche Situation füllte natürlich die Gazetten, und über die vielen tausend Menschen, die aus ganz Europa angereist waren und friedlich für die Freiheit demonstrierten, wurde natürlich nicht berichtet.

Ein ähnliches Szenario ereignete sich beim Sturm auf das Capitol in den USA. Auch hier gibt es eine Menge Bildmaterial, das auf ein Zutun bzw. Zulassen des Staates schließen lässt. Leider wird darüber in den Medien nicht, und wenn doch, dann falsch berichtet. Wenn ich es als Privatperson neben meiner Arbeit schaffe, mir die entsprechenden Bilder und Filme anzusehen, dann sollten es doch die Medienschaffenden auch hinbekommen. Mein Menschenverstand hatte bisher stets angenommen, dass die Recherche vor dem Schreiben kommt.

Fußball ist nicht mehr geil

Den allergrößten Teil meines Lebens brannte ich für den Fußball – ganz gleich, ob selbst in der Kreisliga auf dem Platz oder mitfiebernd vor dem Fernseher und im Stadion. Fußball war für mich immer ein Rückzugsort, an dem ich meine Ruhe hatte vor den Komplikationen, die das Leben als Polizeibeamter so mit sich brachte. Ich liebte die Leidenschaft, die Dynamiken und das Athletische. Fußball schien mir immer eine Sphäre zu sein, die ein wenig losgelöst von all den Beschwerlichkeiten der Gesellschaft und des Alltags war. Natürlich war Fußball auch immer Gemeinschaft. Egal, ob selbst auf dem Platz oder beim Mitfiebern. Besonders die WM 2006 ist mir positiv in Erinnerung geblieben und hat meiner Fußballverrücktheit noch einmal einen ordentlichen Schub gegeben. Damals erschien es mir, als ob das Turnier und die tolle Leistung der Nationalmannschaft ein neues Gefühl des Zusammenhaltes und des Miteinanders stiften konnten. Dieses Gefühl sollte zumindest die nächsten Jahre und großen Turniere überstehen, aber inzwischen scheint es verebbt zu sein.

Ich hätte mir nicht vorstellen können, dass sich die Ereignisse innerhalb kurzer Zeit so überschlugen, dass meine Passion zu diesem Sport aus gutem Grunde erlosch. Sicherlich gab es bereits vor Corona Entwicklungen, die mich stutzig werden ließen. Schließlich werden große Fußballvereine nicht erst seit zwei Jahren wie börsennotierte Unternehmen geleitet. Das Übergreifen der wirtschaftlichen Logik auf unseren Fußball hat schon bei vielen Fans seit Jahren einen bitteren Geschmack hinterlassen. In den letzten beiden Jahren seit Corona hat das Ganze aber eine neue Dimension erreicht.

Ich erinnerte mich noch, wie in mir die pure Wut hochkochte, als gleich zu Beginn der Pandemie und dem vorzeitigen Aus der Zuschauerspiele eben jene Vereine lautstark nach staatlichen Geldern verlangten, die ansonsten den riesigen Reibach machen. Es wurden apokalyptische Visionen gemalt, dass alles zusammenbrechen könnte. Ich denke, dass es wichtig ist, dass die etwas kleineren Vereine, die auf die Zuschauereinnahmen als Haupteinnahmequelle angewiesen sind, vor dem Bankrott bewahrt werden, aber die Topclubs, bei denen alle unverhältnismäßig überbezahlt sind ...? Vereine, die Millionenumsätze im Jahr machen in einer Liga, die wohl Milliardenumsätze macht. Dafür habe ich wenig Verständnis, schließlich muss ja auch jeder kleine Selbstständige zuerst die Eigenmittel aufbrauchen, bevor der komplizierte Weg der Corona-Hilfen gegangen werden kann.

Der Ruf nach direkter staatlicher Unterstützung wurde zunächst zurückgewiesen, aber es passierte doch etwas. Die Öffentlich-Rechtlichen überlegten einzuspringen und Übertragungslizenzen für einige Spiele zu kaufen. Wie die Öffentlich-Rechtlichen sich ihrerseits finanzieren, ist zu Genüge bekannt. Dazu kam es letztendlich nicht. Es wurde den Bundesligaclubs jedoch schnell ermöglicht Geisterspiele durchzuführen, die durch die Pay-TV Sender übertragen wurden. Getreu dem Motto: „The Show Must Go On". Im Nachhinein betrachtet ist davon auszugehen, dass die Vereine sich „kaufen" ließen, zumindest angesichts ihrer immer wiederkehrenden Werbeaktionen im Rahmen der Pandemiebekämpfung. So zumindest mein Eindruck.

Unabhängig von Corona, aber auch im ähnlichen Zeitraum, wurde die neue Art des Schiedsrichterns über Videobeweis eingeführt. Für mich ein einziges Unding. Seit diese neue Art der Beweisführung genutzt wird, häufen sich die Entrüstungen über teils merkwürdige Entscheidungen. Wie kann man einen so wichtigen Bestandteil des Spiels, der die Gerechtigkeit des Sports betrifft, vom Spielfeld in irgendeinen Keller mit dutzenden von Bildschirmen verbannen? Noch dazu wissen wir nicht, wer in diesem Keller sitzt und was in diesem Keller passiert. Die Zuschauer und die Spieler sind in dieser Situation völlig machtlos. Dieser Entzug des Schiedsgerichts aus der Öffentlichkeit ist ein Meisterstück an Intransparenz, wird aber von allen abgenickt. Das kommt von oben, da können wir nichts machen.

Mir scheint, als ob diese Art von Entscheidungsverschiebung und Intransparenz auch symbolisch für unseren Politikbetrieb ist. Ganz gleich, ob auf kommunaler Ebene oder in der internationalen Politik. Es erinnert mich an die großen Freihandelsabkommen der letzten Jahre, die in der Öffentlichkeit viel Kritik erfuhren, und ihre privaten »internationalen Schiedsgerichte«, in denen unter Ausschluss der Öffentlichkeit große Unternehmen Staaten verklagen können, wenn ihr Gewinnstreben mittels staatlicher Regulierungen behindert wird. »Investorenschutz« heißt das Ganze in schönfärberischer Art und Weise.

Die Gier hat im Profifußball momentan Hochphase, und die entscheidenden Kreise beweisen immer wieder Kreativität, wie noch mehr Geld zu machen ist. Erst letztens kam der Vorschlag, die Halbzeitpause zu verlängern, um so noch mehr Werbung laufen lassen zu können. Warum wird sie nicht gleich so verlängert, dass auch noch ein Helene-Fischer-Konzert in die Pause passt? Langsam herrschen wirklich amerikanische Verhältnisse ...

Was mich allerdings am meisten stört, ist die Art und Weise, wie der Sport zuletzt immer wieder instrumentalisiert wird. Meiner Meinung nach hat Politik im Fußball und im Sport nichts zu suchen. Ich bin es satt, wie inzwischen sogar dort versucht wird, bestimmte Meinungen aufzudrängen, nur weil diese momentan hip sind und von der Medienlandschaft forciert werden. Die Regenbogenarmbinde Manuel Neuers, die Regenbogenbeleuchtung der Allianz-Arena oder der Kniefall vor Spielen sollen hier als Beispiel dienen. Am schlimmsten ist allerdings die dabei herrschende Doppelmoral. Auf der einen Seite das vermeintliche politische Engagement für Benachteiligte, andererseits wird von Sponsoren aus Ländern gesponsert, die auf Menschenrechte verdammt wenig geben. Die Welt wird keine gerechtere, wenn wir eine Flasche Cola kaufen, auf der eine Regenbogenflagge abgebildet ist. Das Ganze ist vielmehr ein Beispiel dafür, wie sich der Kapitalismus jegliche gesellschaftlichen Strömungen vereinnahmt und versucht, mit ihnen noch größere Gewinne zu machen.

Ich wünsche mir den alten Fußball zurück, bei dem mit Leidenschaft hart gespielt wurde, bei dem es nach vorne ging, ohne sich in endlosen strategischen Passspielen zu verlieren. Ich wünsche mir einen Fußball, bei dem es wieder um die Fans und die Freude am Spiel geht.

Ich wünsche mir Clubs, die als Verein mit Werten auftreten und nicht als millionenschwere Unternehmen. Vor allem wünsche ich mir einen Fußball ohne Berater und mit Profis, die in einem Interview auch mal ihre Meinung sagen dürfen, ohne am nächsten Tag von den Medien zerrissen zu werden. Die Entscheidungsgewalt gehört in die Hände des Schiedsrichters, denn nicht umsonst liegt die Wahrheit auf dem Platz.

- VII -

Das kommt von oben,
da können wir doch was machen

Die Flut

Als im Juli 2021 die Bilder von der Flutkatastrophe durch die Medien gingen, schien es unvorstellbar, dass diese Bilder aus Deutschland stammten. Schwere Umweltkatastrophen sind häufig auf dem Bildschirm zu sehen, aber selten finden sie vor der eigenen Haustür statt. Mich packte das Gefühl, dass doch etwas unternommen werden müsste. Während die Medien die Bilder der Katastrophe in die Wohnzimmer brachten, fehlten mir währenddessen die Appelle zur Hilfe.

Diese fand ich allerdings in den sozialen Medien, in denen sich die Notleidenden und die Hilfsbereiten miteinander vernetzten. Die Lage war ernst, das Chaos wirklich groß, nur wenig Hilfe kam an. Als dann ein Bekannter, den ich im Fahrradurlaub kennengelernt hatte, mich auch direkt bat zu helfen, beschloss ich, aktiv zu werden. Das Unwetter kam zwar von oben, aber hier konnten wir was machen.

Ich erfuhr, dass eines der größten Probleme der Zusammenbruch des Stromnetzes in der Region war. In unserer Gaststätte besaßen wir ein Notstromaggregat, das wir gerne zur Verfügung stellen wollten. Die Situation war vor Ort unübersichtlich, und ich hatte ein ungutes Gefühl, das Gerät einfach dorthin zu schicken, und so entschied ich mich, gemeinsam mit Svenno, dessen Onkel in Düren wohnt, für drei Tage hinzufahren, um zu helfen. Über Svennos Onkel stellten wir Kontakt zum DRK her, und so machten wir uns auf den Weg nach Mausbach. Dort bemerkten wir von der Flut selbst wenig, aber es schien der Ort zu sein, von dem aus die hier lagernden Hilfsgüter in die umliegenden betroffenen Ortschaften verteilt werden sollten. Als Treffpunkt und Knotenpunkt diente ein umfunktioniertes Jugendzentrum. Zu allem Überfluss gab es keinen Netzempfang, womit unsere persönliche Odyssee innerhalb der großen Katastrophe beginnen sollte. Namentlich war unser Ansprechpartner allen Helfern vor Ort bekannt, aber er selbst war nicht anwesend und konnte nicht erreicht werden, weshalb wir nach stundenlangem Hin und Her schließlich nach Euskirchen fuhren.

Dort hatte ein kleiner Stadtgraben mit nicht einmal zwei Metern Breite die ganze Innenstadt überflutet. Das Wasser war inzwischen wieder abgelaufen und hatte ein Bild der Zerstörung hinterlassen. Der Strom wurde für die Pumpen und Trocknungsgeräte benötigt. Daniel stellte von zuhause aus über die DLRG den Kontakt zu einer portugiesischen Familie her, die in der Innenstadt ein altes mehrgeschossiges Haus besaß, in dem sie bereits seit Generationen eine Kunstgalerie betrieb. Das Gebäude hatte zum großen Teil unter Wasser gestanden. Auch wenn das Ausmaß der Verwüstung um uns herum uns lähmte, waren wir doch froh, als wir endlich aktiv werden konnten.

Weil wir mitten in der Innenstadt waren, bestand man von offizieller Seite darauf, dass unser Notstromaggregat geerdet werden sollte. Dafür musste ein 1,5 Meter langer Spieß in die Erde getrieben werden. Mir war das nicht geheuer. Das Risiko, dabei irgendwelche Leitungen zu treffen, war nicht gering, und so bestand ich darauf, dass das ein Elektriker erledigen sollte, der vorher eine entsprechende Prüfung durchführen konnte. Wie anzunehmen, war natürlich kein Elektriker greifbar. Nachdem wir einiges an

Zeit vergeudet hatten, erklärte sich der Sohn der betroffenen Familie bereit, bei einer Art Basislager des THW um Hilfe zu bitten. Er kam schon nach kurzer Zeit mit Wut im Bauch wieder: »Da laufen so viele Leute rum, und niemand von denen kann spontan helfen. Ich habe eine Ticketnummer bekommen, und wir sollen auf einen Anruf warten.« Ich entgegnete ihm nur trocken: »THW steht halt für theoretisches Hilfswerk ...«

In bester Amtsstubenmanier hatte er diese Ticketnummer erhalten, was wir natürlich entsprechend belächelten, aber tatsächlich klingelte zu unser aller Erstaunen sein Telefon nach nicht einmal 20 Minuten. In einem Gespräch wiederholte er sein Anliegen und bekam daraufhin eine neue Ticketnummer. Den Rest des Tages sollte sich niemand mehr melden, und wir standen uns die Beine in den Bauch, womit unsere Vorahnung letztlich und zu unserem eigenen Nachteil doch bestätigt wurde.

Über Nacht ließen wir das Gerät vor Ort, kamen am nächsten Tag früh wieder, konnten aber wieder nichts in Bewegung setzen. Diese Hilf- und Machtlosigkeit führte kurzzeitig auch zu einem Disput mit Svenno. Uns beiden ging die - von außen verordnete - Untätigkeit ziemlich auf die Nerven. Wir beide waren Macher und wollten endlich loslegen.

Etwas angefressen fuhren wir am Nachmittag unverrichteter Dinge weiter nach Bad Münstereifel, das wegen der extremen Verwüstung noch immer gesperrt war. Bereits während der Anfahrt sahen wir das Ausmaß der Flutwelle. Selbst Autos standen in den Vorgärten übereinander. Das war heftig, das hatte noch keiner von uns vorher gesehen.

Svenno sprach vor Ort mit der Feuerwehr, die das Aggregat für ihre Notfunkzentrale gebrauchen konnten. Das hatte ein Feuerwehrmann mit der Zentrale per Funk abgeklärt. Wir sollten das Aggregat direkt zum Gerätehaus im Ort bringen, wo sich auch die Leitstelle befand. Endlich glaubten wir uns nah am Ziel: nur noch drei Abbiegungen, dann hätten wir es endlich geschafft. Allerdings gerieten wir nach ein paar hundert Metern in eine weitere Straßenabsperrung der Bundespolizei. Wir erklären unser Anliegen und wurden von einem Sonntagspolizisten zurückgewiesen. Unser Ortskennzeichen stehe nicht auf der Liste, er könne uns nicht durchlassen. Wie denn auch? Das Ganze hatte sich erst vor fünf Minuten mündlich ergeben. Er gab sich großzügig und meinte, dass wir unseren Kontaktmann ja anrufen könnten, ließ dabei aber außer Acht, dass das Telefonnetz noch immer am Boden war. Ob er die Feuerwehr für uns anfunken könne? Dies sei nicht seine Aufgabe! Danke für nichts. Unmissverständlich forderte er uns auf zu wenden und wieder zu fahren.

So geschah es, dass wir nach drei Tagen nach Niedersachsen zurückfuhren, ohne dass das Notstromaggregat ein einziges Mal gelaufen war. Die Not vor Ort war groß, aber die bürokratischen Hürden waren noch größer. Wir waren frustriert, aber auch entsetzt, dass wir auf offizieller Seite vor Ort auf solche Trägheit gestoßen waren und niemand in der Lage war, schnelle und unkomplizierte Lösungen zu finden. In Deutschland muss halt alles von oben her geregelt sein. Ihr wisst schon: Das kommt von oben, da ...

Eine Zeitlang war ich echt angefressen von der ganzen Geschichte, aber schon sehr bald sollte sich die nächste Möglichkeit ergeben, aktiv zu werden. Mein früherer Kollege Dirk, der ehemals bei der Bundeswehr Führungsqualitäten erworben hatte, wurde angefragt, ob er das Helfercamp in Mariental bei Dernau ein wenig strukturieren könnte. Nun hatte ich endlich einen direkten Draht zu einem Verantwortlichen vor Ort. Dirk fuhr zunächst allein für eine gewisse Zeit ins Flutgebiet, um seinen Auftrag zu erfüllen. Nachdem er nach Niedersachsen zurückgekommen war, sammelte er in unserer Heimatgemeinde Sachspenden für die Flutopfer. Hierbei half ich ihm und bot ihm an, die Güter mit ihm zusammen nach Dernau zu bringen.

Hier konnten wir unser Gaststättennetzwerk gut nutzen, und ich schaffte es sogar, unseren langjährigen Getränkelieferanten für die Aktion zu gewinnen. Dirk hatte seine hiesigen Kontakte und die Kontakte zu einer Brauerei genutzt. Alles musste natürlich schnell gehen; die Hilfsgüter sollten ja auch ankommen. Ob Ihr es glaubt oder nicht: Am gefragtesten waren Süßigkeiten und Bier. Naja, das eine für die Nerven und das andere für die Geselligkeit und die Nachbesprechung. Eine solche Ausnahmesituation für Körper und Psyche brauchte eben die richtigen Mittelchen. Wir hatten ziemlich viel Ware beisammen und starteten früh morgens mit einem Anhängergespann in Richtung Ahrtal. Knappe sechs Stunden Fahrzeit.

Bis wir alles verteilt hatten, war es bereits Abend. Unsere letzte Anlaufstelle war eine Familie in Dernau, zu der Dirk bereits Kontakt hatte. Hier wollten wir einen gespendeten Wäschetrockner abgeben. Dort konnte ich das zweite Mal das wirkliche Ausmaß der Flut sehen. In dieser kleinen Stadt hatten die Wassermassen Tod und Zerstörung mit sich gebracht. Etliche Häuser waren entweder von der Flut mitgerissen worden oder so schwer beschädigt, dass sie abgerissen werden mussten. Die Familie, zu der wir den Wäschetrockner brachten, hatte einmal ein schönes Altstadthaus besessen: vorne die wirtschaftlich genutzte Pension, dann ein Innenhof und das Wohnhaus, in dem das Paar mit den beiden Töchtern der Frau lebte. Während der Flutkatastrophe befand sich das Paar, Jörg und Katharina, im Urlaub in Österreich, die beiden volljährigen Mädchen waren allein zu Hause. Mit seiner Wetter-App konnte Jörg allerdings die Ferndiagnose stellen, dass sich etwas Arges zusammenbraute. Er handelte geistesgegenwärtig, rief zuhause an und forderte die beiden Mädchen auf, sich mit allem Notwendigen einzudecken und mit den beiden Katzen ins Obergeschoss des Hauses zu gehen. Zuvor sollten sie noch das Auto auf den Berg fahren. Glücklicherweise fügten die beiden sich schließlich, auch wenn sie sich natürlich erst einmal fragten, ob Jörg noch alle Tassen im Schrank hatte. Gleiches ungläubiges Gelächter schlug ihm bei Katharinas Eltern entgegen. Schließlich war an dieser Stelle des Ortes ja noch nie Wasser gewesen. Zumindest konnten sich Katharinas Eltern nicht daran erinnern.

Warum diese Anekdote an dieser Stelle? Sie soll eines verdeutlichen: Wenn sogar ein Privatmann, der nicht vor Ort ist, in der Lage ist, die Geschehnisse korrekt zu deuten und die richtigen Konsequenzen zu ziehen, wieso war es von offizieller Seite mit viel besserer Informationslage dann nicht möglich, die Bevölkerung vernünftig zu schützen und rechtzeitig zu warnen. Hinzu kommt, dass das Wasser, wie

beispielsweise im Falle der Ahr, nur sehr langsam voran-
kam. Das Hochwasser benötigte beinahe zwölf Stunden für
einige 10 Kilometer, da es immer wieder aufgestaut wurde, wenn sich Geröll an den Brücken verkeilte. Das führte
dann immer wieder zu einer Flutwelle bis zum nächsten
Hindernis, die enorme Verwüstung mit sich brachte.

So kam ich mit Jörg ins Gespräch und war plötzlich mit-
tendrin. Nachdem ich seiner Geschichte aufmerksam ge-
lauscht hatte, fragte er mich, was ich mache, und so erzählte
ich ihm von unserer Gaststätte. »Also bist du ein Koch?«,
fragte er mich. Ob ich ein Koch sei, wisse ich nicht, entgegnete ich, allerdings hieße ich so und versuche es nun seit
einiger Zeit recht erfolgreich. Er war mit der Antwort zufrieden und führte mich an eine andere Stelle des Dorfes,
um mir etwas zu zeigen. Auf dem Kiereplatz, dem Dorfplatz
des Ortsteils »Kiere«, war mit einem Pavillon ein kleines
notdürftiges Camp aufgebaut worden, das als Treffpunkt
und Versorgungsstelle diente. Mit Klapptischen und Gas-
kochern strahlte das Ganze so etwas wie Festivalatmosphä-
re aus. Es war eben alles arg improvisiert. Jörg stellte mich
Sandra vor, die dort als Freiwillige half. Sandra kämpfte
allein und war über jegliche Hilfe glücklich.

Mit diesen Eindrücken fuhr ich nach Hause und erzählte Paddy davon. Wir kamen schnell zu dem Entschluss,
dass unser Food-Truck dort unten sehr willkommen wäre.
Schließlich war eine gute Vorbereitung das A und O beim
Kochen. Paddy merkte, dass ich dort gerne helfen würde,
und stimmte einem mehrwöchigen Aufenthalt zu. Auch
Dirk war sofort Feuer und Flamme. Ich stellte einen

Essenplan für die erste Woche auf, und Dirk wandte sich an eine befreundete Gaststätte, die die Aktion erneut mit Lebensmitteln und Getränkespenden unterstützte. Dann noch Großeinkauf und zack wieder runter ins Flutgebiet.

Auf einem Stellplatz gegenüber dem Pavilloncamp standen wir am Ende vier Wochen mit nur einer Woche Pause, weil ich Veranstaltungen bei uns im Laden hatte, und verpflegten die Anwohner und Helfer. Das freute nicht nur Jörg und Katharina, sondern auch alle anderen Einwohner der Kiere. Sie waren glücklich, am Abend eine Anlaufadresse mit Speis und Trank und natürlich netten Gesprächen zu haben.

Es war eine intensive Zeit, die wir dort erlebten. Zum einen waren es arbeitsreiche Tage, um die Verpflegung von so vielen Menschen am Laufen zu halten, zum anderen ließen uns all das Leid und die Verzweiflung der Anwohner auch nicht kalt. Es war eine große Herausforderung, die mich aber auch viel über die Menschen gelehrt hat. Es war toll zu sehen, wie viel Miteinander plötzlich in diesen Zeiten möglich ist, wenn tatsächlich einmal ein Notfall eintritt und all die Oberflächlichkeiten und Differenzen, mit denen wir uns üblicherweise abmühen, plötzlich klein und unwichtig werden. Während ich von dem zivilgesellschaftlichen Engagement der vielen tausend Bürgern aus der ganzen Republik begeistert war, war ich von Politik und Staat in dieser Ausnahmesituation enttäuscht.

Zum einen ist es für mich völlig unverständlich, dass von offizieller Seite nicht ordentlich angepackt wurde. Das bezieht sich zum einen auf die Polizei, die vor Ort nur spärlich Präsenz zeigte, wie es auch die Plünderungen deutlich machten, die hier und dort stattfanden. Abgesehen von gelegentlichen Straßensperren und den Wasserwerfern, die die Straßen entstaubten oder Trinkwasser transportierten, war von der Polizei nur wenig zu sehen. Im Gespräch mit Anwohnern erfuhr ich sogar, dass man Polizeibeamten das »Anpacken« während des Dienstes ausdrücklich verboten hatte, sodass manch einer und eine nach einem langen Tag privat nach der Schicht die Ärmel hochkrempelte, um Schutt und Schlamm aus den Häusern zu schaffen. Von offizieller Seite finde ich dies beschämend. Wir packten schließlich bei dem Elbehochwasser damals in der Bereitschaftspolizei auch mit an und waren froh, helfen zu können.

Das Gleiche gilt für die Bundeswehr. Natürlich bin ich gegen Inlandseinsätze und jegliche Aushöhlung der Freiheit, aber wäre in dieser Situation nicht eine schnelle und unbürokratische Hilfe seitens der Truppe sinnvoll gewesen? Schließlich gab es zu dieser Zeit nicht viel, was für sie sonst zu tun gewesen wäre. Mit einem solchen Personal und Material wäre sicherlich mehr möglich gewesen als nur die Kraftstoffversorgung, die ich zumindest anfangs in Dernau beobachten konnte.

Zum anderen zeigen sich in dem Wiederaufbau nach dem Hochwasser große Probleme auf verschiedenen Ebenen. Angefangen bei den Versicherungen: Oft machte es in den Medien die Runde, dass die Leute dort selbst schuld seien, weil sie keine Elementarschutzversicherung abgeschlossen hatten. Allerdings gab es auch komplexere Fälle. So war beispielsweise eine Familie, mit der ich im regen Kontakt stand, zwar versichert, allerdings war in der

Versicherungspolice eine falsche und zu niedrige Summe eingetragen, sodass die beiden unterversichert waren. Eine Null mehr oder weniger macht in der oberflächlichen Betrachtung keinen Unterschied, entscheidet aber in der Praxis über Familienschicksale. Wer einmal einen Wasserschaden erlitten hat, kennt den Papierkrieg, der damit zusammenhängt. Versicherung, Gutachter, Handwerker; das Ganze ist ein bürokratisches Ping-Pong-Spiel, das sich lange hinziehen kann.

Ein weiteres Beispiel sind die Reglementierungen, die den Wiederaufbau betreffen. In Berlin oder Düsseldorf ist es leicht, von neumodernem Kram wie Erdwärme etc. zu sprechen. Sicherlich hat das Ganze langfristig und im normalen Baubetrieb auch seine klimapolitische Berechtigung, doch in einer Notsituation wie dieser kann dies aber zu Zusatzkosten führen, die das Fass zum Überlaufen bringen. Diejenigen, die ohnehin schon am Boden liegen, werden also wegen dieser Mehrkosten wieder in die Abhängigkeit von Banken getrieben; bekanntlich der Ort, an dem der Staat seine Bürger am liebsten weiß. Außerdem bekamen die Besitzer bestimmter Häuser, die von der Flut mitgerissen worden waren, keine Baugenehmigung mehr. Was macht das mit einer historischen Stadt mit einem schönen und architektonisch wertvollen Stadtzentrum? Sollen die Baulücken inmitten des Fachwerks jetzt wie Zahnlücken klaffen?

Was soll ich zu der politischen Reaktion auf die Katastrophe schon sagen? Während ich die Regional- und Lokalpolitik als sehr engagiert und präsent erlebte, war ich von den höheren Ebenen enttäuscht. Die üblichen floskelhaften

Bekundungen, die wohl so etwas wie Entsetzen, Mitleid und Bestürzung ausdrücken sollten, kamen wie gewohnt publikumswirksam, und der eine oder andere ließ es sich auch nicht nehmen, in Gummistiefeln vor die Presse zu treten. Was mich wirklich wunderte, ist die Tatsache, dass die CDU trotz des schlechten Krisenmanagements und des Fettnapfs, in den Laschet mit seiner unangebrachten Feixerei vor laufender Kamera getreten war, trotzdem in den betroffenen Kreisen viele Stimmen ergattern konnte.

Wie mir scheint, haben die eigentlichen Leistungen oder noch viel mehr Fehlleistungen schon längst den Bezug zum gewählt werden verloren. Ich wiederhole mich: Wann hat in Deutschland ein ranghoher Politiker zum letzten Mal tatsächlich Verantwortung übernommen und seinen Posten wegen Versagens geräumt? Es ist zumindest ein paar Jahre her, aber die Fehlleistungen, die einen Rücktritt rechtfertigen, haben in der Zwischenzeit sicherlich nicht abgenommen. Natürlich wurde Herr Laschet bei der letzten Bundestagswahl abgestraft, aber mich wundert doch, dass ihm kein Wahlkampfberater empfahl, mal einige Tage mit anzufassen. Ich bin mir sicher, dass es ihm die nötigen Stimmen gebracht hätte. Dann wäre ihm sicher auch das Lachen verziehen worden.

Von oben kam also wenig Hilfe, und gleichzeitig wurde uns das Leben als private Helfer auch noch schwer gemacht. Zum Beispiel war das Thema Spenden allein den großen Spielern und den Sprösslingen des Bundes wie DRK etc. vorbehalten. Bevor ich diese Kritik ausführe, möchte ich betonen, dass mein Ärger nicht den Ortsgruppen und den vielen Ehrenamtlichen gilt, sondern der Struktur, die dahintersteckt. Als ich beispielsweise hörte, dass das DRK vom Bund mehr als 10 Euro pro Essen bekam, fiel ich aus allen Wolken. Das, was die dafür dort anboten, war meines Erachtens nicht einmal 3 Euro wert. Indem sie das Essen meiner Ansicht nach von Fremdbetrieben liefern ließen und selbst ausgaben, war das eine ganz klare Kalkulation. Wenn das stimmt, stelle ich mir die Frage, was mit dem Überschuss passiert. Greifen die Organisationen, die gemeinnützig sein sollen, hier Gelder ab? Das wäre ein Unding! Das DRK und andere Organisationen haben aufgrund rechtlicher Privilegien gewissermaßen eine Monopolstellung. So bekam ich vor Ort mit, dass privaten Helfern das verteilen von gesammelten Spenden untersagt wurde. Ein anderes Beispiel ist das Blutspenden, mit dem Vereine wie das DRK am stärksten in Erscheinung treten. Laut einem Zeitungsbericht, den ich zu dem Thema gelesen habe, soll das DRK pro halben Liter Blut einige Hundert Euro bekommen. Diese Aussage fand ich ziemlich heftig, da wir alle wissen, was ein Spender stattdessen dafür bekommt. Ein Mortadella-Brötchen mit Gewürzgurke und ein Glas Apfelschorle von ALDI. Angesichts der saftigen Gehälter in den oberen Etagen beim DRK, des Ehrenamts der Helfer vor Ort und des Monopols ist das für mich mehr als kritikwürdig.

Tschö Kiosk

Während ich im Ahrtal war und Paddy daheim die beiden Läden alleine schmiss, begann für das Thema Kiosk plötzlich und unerwartet ein neues Kapitel. Man hatte uns am Ende anscheinend doch übelgenommen, dass wir vor einigen Jahren bei den ersten Querelen um den Kiosk nicht klein beigegeben und auf unser Recht bestanden hatten. Die letzte Saison war uns wegen eines Bauprojekts am Kiosk und rund um den See verlorengegangen, und nun kam aus heiterem Himmel ein Anschreiben mit der Kündigung.

Vorher hatte kein Gespräch stattgefunden, das in diese Richtung gedeutet hätte, und so war Paddy natürlich baff. Für mich passte das Ganze gut in das Bild, das ich inzwischen von der Gemeinde und ihren Vertretern erlangt hatte. Der Mietvertrag hätte sich automatisch um fünf weitere Jahre verlängert, und selbst eine Mietanpassung hätte der alte Mietvertrag hergegeben. Nun sollte sich Paddy allerdings laut Schreiben erneut auf den Kiosk mit einem neuen Konzept bewerben. Neues Konzept? Mir war nicht bekannt, dass unser bisheriges Konzept nicht funktionierte, zumal ja eben mit diesen fremden Federn ein neuer Pächter gesucht wurde.

Nachdem wir den ersten Schreck verdaut hatten, ließen wir die Kündigung erst einmal rechtlich prüfen. Während unser Mietvertrag und die nachfolgenden Änderungen noch vom Bürgermeister und vom Gemeindedirektor unterschrieben worden waren, war die jetzige Kündigung nur vom Gemeindedirektor unterzeichnet. Die »Patin« des Kiosks, die mittlerweile Bürgermeisterin geworden war, mochte die Kündigung wohl nicht unterschreiben. Das Gespräch wollte sie im Vorfeld allerdings auch nicht suchen; ich stelle mir eine Patenschaft etwas anders vor.

Der Gemeindedirektor Schiller und ich hatten seit den unschönen Szenen zum Beginn der Pandemie, bei der die Gemeinde unfair und intransparent kommuniziert hatte, ein leicht zerrüttetes Verhältnis. Auch wenn der Vertrag letztlich auf Paddy lief, war ich es damals gewesen, der an den entsprechenden Treffen teilgenommen hatte, und so war mir auch klar, wem dieser Stich galt.

Wir wurden aufgefordert, die Schlüssel abzugeben, obwohl bei dem Projekt Türen und Schlösser erneuert worden waren. Außerdem war man der Meinung, dass eine Übergabe aus unerklärlichen Gründen nicht notwendig sei, und von einer Übernahme der getätigten Leistungen und Umbauten war wieder einmal nicht die Rede. Mittlerweile erschien mir das Ganze wie eine Posse, bei der ich die Szenen schon kannte. Kurz vor Ablauf der Kündigungsfrist wurde uns mitgeteilt, dass eine erneute rechtliche Prüfung die Formalität der Kündigung bestätigt habe. Soweit die offizielle Entwicklung der Situation.

Es liegt aber auch in der Natur des Berufs des Gastwirts, dass ihm die eine oder andere Sache zu Ohren kommt: Eine Gaststätte ist eben das heimliche Rathaus. Sicherlich ist dies auch ein Grund, warum der Regierung Dorfkneipen im Allgemeinen ein Dorn im Auge sind und sie wenig Unterstützung erfahren. Von Gästen erfuhren wir so, dass ein aktuelles Ratsmitglied im strammen Kopf in einer anderen Gaststätte lauthals verkündet hatte, dass Paddy sich gar nicht zu bewerben brauche, sie würde nicht berücksichtigt, denn es sei schon ein Pächter zur Nachfolge gefunden worden.

Von anderer Stelle erfuhren wir, dass der Samtgemeindebürgermeister sich vor der Kündigung mit uns in Kontakt hätte setzten sollen, was aber aus unerklärlichen Gründen nicht passiert war. Da schien mir mehr ein Spiel zu sein als die übliche Inkompetenz der Lokalpolitik. Kurzum entschloss sich Paddy, den Kiosk nicht weiter betreiben zu wollen und dementsprechend keine neue Bewerbung zu schreiben. Das Vertrauensverhältnis war zerrüttet, eine Wertschätzung ihrer Arbeit am Kiosk war ausgeblieben.

Dies teilten wir dem mittlerweile neuen Samtgemeindebürgermeister mit, worauf ein Treffen am Kiosk vereinbart wurde. Hier sollte über die zu übernehmenden Gegenstände wie die geschnitzten Vögel und die Holzterrasse gesprochen werden. Dort machte man gute Miene zum bösen Spiel und teilte uns mit, dass die Kündigung aus rechtlichen Gründen habe erfolgen müssen, wir aber die Möglichkeit hätten, uns erneut zu bewerben. Nachdem wir nun auf anderen Wegen mehr über den tatsächlichen Sachverhalt erfahren hatten, erschien uns das Ganze sehr zynisch.

Auf einen Kaufpreis konnten wir uns vor Ort nicht einigen, da mit Kaufpreisen aus einem Verwaltungsausschussbeschluss von 2020 argumentiert wurde. Die dort verhandelten Preise waren jedoch fernab vom derzeitigen Wert der Holzterrasse.

Anstatt der angebotenen ca. 2.500 Euro wollten wir den Zeitwert von ca. 5.000 Euro erstattet haben. Den Zeitwert ermittelten wir mit einem aktuellen Angebot des Terrassenbauers, der einen derzeitigen Neupreis von 12.000 Euro berechnete. Unser Verkaufsangebot von 5.000 Euro wurde ohne weitere Verhandlung vom Verwaltungsausschuss abgelehnt.

Als wir begriffen, dass man uns nicht entgegenkommen würde, beschlossen wir, konsequent zu sein und Nägel mit Köpfen zu machen. Gleich am nächsten Tag begann ich mit dem Rückbau am Kiosk; das heißt, ich sägte die Holzfiguren bodentief ab, und wir bauten die Holzterrasse zurück.

Unterstützt wurden wir von Daniel, Svenno und weiteren Stammgästen, denen das Vorgehen der Gemeinde auch nicht gefiel. Es war gut, diese Unterstützung bei sich zu wissen.

Plötzlich bemerkten wir, dass ein gewählter Gemeindevertreter aus einiger Entfernung, im Stile eines informellen Mitarbeiters, mit seinem Handy in unsere Richtung hantierte, als würde er Fotos von uns machen. Es hätte nur noch gefehlt, dass er sein Richtmikrofon herausgeholt hätte. Später erfuhren wir, dass dieser Ortsvertreter nicht mitbekommen hatte, dass ein Rückbau am Kiosk stattfinden werde und dementsprechend verwundert war. Ein wenig mehr Bürgerkontakt hätte dem mittlerweile stellvertretenden Bürgermeister gutgestanden, aber stattdessen wird nur kurz vor der Wahl der freundliche »Grüßmichel« gemimt, und bis zur nächsten Wahl wird sich wenig um Versprochenes geschert. Warum erinnert mich das Ganze immer mehr an die DDR?

Tschö Kiosk! So war auch dieses Kapitel nun Geschichte.

Paddy sagte noch zu mir, dass es sicher ein Zeichen von oben gewesen sei, dass wir den Kiosk nicht mehr machen sollten. Es waren uns zu viele Steine in den Weg gelegt worden. Bei der derzeitigen wirtschaftlichen Situation, ein paar Wochen nach dem Ausbruch des Krieges in der Ukraine, muss ich ihr Recht geben.

In dieser Ansicht fühlte ich mich bestätigt, als ich von einer Bekannten erfuhr, dass ein Ratsmitglied während der Eröffnungsfeier des Kiosk vehement behauptete, wir hätten aus Gier 10.000 Euro für die Terrasse verlangt. Dieser Betrag hatte nie zur Diskussion gestanden. Auch des Diebstahls der geschnitzten Vögel bezichtigte er mich dort öffentlich. Der Rückbau war natürlich erst erfolgt, nachdem ich diesen mit dem neuen Samtgemeindebürgermeister abgestimmt hatte. Einen Diebstahl hätte dieser wohl zu verhindern gewusst.

Auch der „Trommler" hätte über diesen Umstand Bescheid gewusst haben sollen. Es zeigt mir ganz deutlich, wie uninformiert manche Ratsmitglieder ihre politische, vielleicht ja auch persönliche Meinung durch die Gegend posaunen. Ich habe kein Problem mit Kritik, mit der Unwahrheit schon ...

Zu Beginn der Pandemie hatte ich genau diesen Ortsvertreter auf mangelnde Eigeninitiative hinsichtlich der Unterstützung bei den lokalen Unternehmen aufmerksam gemacht. Meiner Meinung nach hätten sich die Kommunalvertreter bei den besonders betroffenen Betrieben sehen lassen und ihre Unterstützung anbieten können. Zumal auch das Mietverhältnis »Kiosk« mit der Gemeinde bestand. Seine Antwort damals lautete, dass man sich ja hätte melden können, und in welcher Welt ich denn leben würde. Naja, wir leben sicher in derselben Welt, nur scheint meine Einstellung zu gewissen Werten eine andere zu sein ...

- VIII -

Was macht Andreas heute?

Wenn noch davon die Rede sein kann, dass es bei uns eine Meinungsfreiheit gibt, ist letzten Endes nur der Mainstream gefragt. Wo sind die Dichter und Denker geblieben, die unser Land einst ausgezeichnet und weltbekannt gemacht haben? Immer mehr beschleicht mich der Verdacht, dass genau dieses Selbstdenken nicht mehr gefragt ist. Es ist, als sollten wir alle bloß nicht ausbrechen aus dem großen Narrativ, das von oben vorgegeben wird. Ich könnte unzählige Beispiele nennen, die zeigen, dass wir immer mehr Verantwortung in die Hände anderer legen und damit die Verantwortung als auch die Hoheit über unser eigenes Leben Stück für Stück verlieren. Liegt hierin nicht eine große Gefahr für uns alle, für die Menschheit? Was ist der Mensch noch, wenn er nicht einmal mehr über sich selbst bestimmten kann?

Es ist erschreckend mit anzusehen, wie viele Dinge unreflektiert hingenommen werden, eben froh nach dem Motto: »Das kommt von oben, da können wir nichts machen.« Neuerdings kommt zu diesem Satz noch einer hinzu: »Ich habe keine Zeit, mich mit dem Thema so intensiv zu beschäftigen wie du.« Vielleicht ein Gedankenansatz für ein weiteres Buch.

Genau darin liegt für mich ein großes Problem: Es ist der Unwille, sich auch mit unangenehmen Themen zu beschäftigen. Mit Themen, die uns direkt oder indirekt betreffen. Das Leben ist nicht nur Hedonismus, und ich sehe es als eine Art Pflicht an, sich als mündiger Bürger und mündige Bürgerin eigene Gedanken zu machen. Das Grundgesetz sieht Kontrollmechanismen vor, aber ich glaube eben auch, dass die Bürger als eigentlicher kollektiver Souverän eine Pflicht haben, sich zu informieren und mit Sachverhalten unserer Zeit auseinanderzusetzen, um diese Kontrolle auch souverän ausüben zu können. Diese beginnt meiner Ansicht nach nicht erst auf Bundes- oder Landesebene, sondern bereits hier bei uns auf kommunaler Ebene und manchmal noch weiter unten. Was spricht dagegen, als mündiger Bürger einzelne Entscheidungen zu hinterfragen? Schließlich wird auch dort mit unseren Steuergeldern gearbeitet. Die Verwaltung und die gewählten Vertreter sollten diese in unserem Sinne und vor allem in unserem Interesse verwalten. Auch hier gerät das vor der Wahl Gesagte häufig in Vergessenheit.

Nach den Erfahrungen, die ich machen durfte, habe ich das Gefühl, dass sich einige Dinge verselbstständigt haben und die Verwaltung oft eigenmächtige Entscheidungen fällt und versucht diese umzusetzen. Werden da die als Kontrollorgan eingesetzten Ratsvertreter und Ratsvertreterinnen manchmal aufgrund fehlender (oder nicht ganz korrekter) Informationen in ihrer Entscheidungsfindung beeinflusst?

Leider wird das für die Bürger immer undurchsichtiger, da viele Sitzungen hinter verschlossenen Türen stattfinden und wichtige Sachverhalte nur dort auf die Tagesordnung genommen werden und nicht nach außen dringen. Warum wird den Menschen an dieser Stelle zum großen Teil die Möglichkeit genommen, Dinge genau zu überprüfen? Erschwerend kommt hinzu, dass die teilnehmenden Ratsvertreter zur Geheimhaltung verpflichtet sind. Ich spreche da nicht von Namen oder Kaufsummen, die natürlich nicht an die Öffentlichkeit gehören. Doch möchte ich zumindest erfahren, wie einige Entscheidungen zustande kommen. Vor allem, welche Argumente vorgebracht werden, die zu der einen oder anderen Entscheidung geführt haben. Werden die Entscheidungen immer im Interesse der Allgemeinheit gefällt, oder stehen vielleicht auch eigene Interessen im Vordergrund? Sätze wie: »Dann lass dich doch selber aufstellen und wählen«, kann ich nicht mehr hören. Ich möchte mich gar nicht wählen lassen, sondern als mündiger Bürger wahrgenommen und genauso behandelt werden.

Auf der „großen Politikbühne" wird uns doch immer häufiger gezeigt, dass einige Entscheidungen schwer nachzuvollziehen sind. Die vielen Skandale beweisen, dass einiges im Argen zu liegen scheint. Warum sollte das auf lokaler Ebene anders sein?

Selbst die Presse kann an dieser Stelle nicht vernünftig arbeiten. Auch hier sehe ich einen Knackpunkt in den geheimen Sitzungen. Wie soll die Öffentlichkeit ausreichend informiert werden, wenn auch die Presse bei diesen Sitzungen zum Teil ausgeschlossen ist? Wie soll korrekt über Dinge berichtet werden, wenn ein Großteil der Entscheidungsfindung der Öffentlichkeit vorenthalten bleibt?

Sind es nicht genau diese Dinge, die eine Demokratie ausmachen, um selbstdenkend zu einer Meinung zu gelangen? Schließlich ist es doch das, was mich zu einer Wahlentscheidung bringen soll.

Im Großen und Ganzen gibt es mittlerweile unzählige Punkte, auf die die sogenannten Verschwörungstheoretiker hingewiesen haben, die zunächst von der breiten Masse belächelt wurden, aber schließlich doch eintraten. Seien es die immer wiederkehrenden Grundrechtseinschränkungen, die Drangsalierung der Kinder in den Schulen oder die Impfnebenwirkungen. Nahezu alle großen Medien haben nicht einmal versucht, diesen Hinweisen nachzugehen; dabei ist es verdammt nochmal die Aufgabe dieser vierten Gewalt, genau solche Ungereimtheiten zu beleuchten und den beteiligten Akteuren auf den Zahn zu fühlen.

Die privaten Plattformen Facebook, YouTube und Twitter sorgen eigenmächtig dafür, dass kritisches Material gelöscht wird. Auf gut Deutsch gesagt findet eine Zensur statt. Eigenmächtig werden so genannte »Falschinformationen« dort als solche deklariert, wo eine ausgewogene Berichterstattung sinnvoll und notwendig ist.

Unliebsame Stimmen werden mundtot gemacht. Doch aus genau diesem Grund erfreut sich der Messenger Telegram einer so großen Beliebtheit, weil es hier noch möglich ist, ungefilterte Informationen zu erhalten. Die Art und Weise, wie sehr sich sowohl die etablierten Medien wie auch die Politik gegen dieses »Medium der Freiheit« wehren, lässt erahnen, welche Sprengkraft dem Portal zugeschrieben wird.

Auf die kommunale Ebene übertragen finden hier bei uns seit zwei Jahren keine Bürgerversammlungen mehr statt, natürlich mit Hinweis auf Corona. Stattdessen wird eine Broschüre herausgegeben, die die Informationen liefern soll. Wenn ich Fragen habe, könne ich diese ja schriftlich einreichen. Fragen im öffentlichen Diskurs finden nicht statt. Ich möchte aber sehen, wie mein Gegenüber auf meine Frage reagiert und wie er darauf antwortet. Wenn ich Nachfragen habe, können diese gleich gestellt und beantwortet werden. Vielleicht haben andere Bürgerinnen und Bürger dann auch Fragen zum selben Thema. Das alles scheint nicht mehr gewünscht zu sein, oder warum wird die Bürgerversammlung nicht im Sommer unter freien Himmel ausgetragen? Dieses wäre eine Möglichkeit, möglichen coronabedingten Einschränkungen zu begegnen.

Viele Menschen sind der Meinung, dass sie ausreichend und wahrheitsgetreu informiert werden, doch ist es nicht eher ein mehr als einlullender Wunschgedanke, um die eigene Komfortzone nicht zu verlassen? Wir wissen alle, welches Unbehagen sich widersprechende Kognitionen in uns auslösen, aber genau hier besteht die Möglichkeit der Erkenntnis. Was ist mit den Bürgern los? Ist das nur noch betreutes Leben und Denken?

Die Medien berichten über all diese entscheidenden Themen nicht, nicht ausreichend bzw. häufig sogar falsch. Dabei fällt auf, dass alle großen Medienhäuser zunehmend gleichgeschaltet sind. So muss es doch auch im Interesse der lokalen Medienhäuser liegen, dass Bürgerversammlungen stattfinden, um eingehend und ausführlich berichten zu können.

Da aus meiner Sicht einige Dinge immer weiter aus dem Ruder gelaufen sind, habe ich für mich den Entschluss gefasst, Sachverhalte und Entscheidungen noch gründlicher zu hinterfragen und auch unangenehme Fragen zu stellen. Wenn nötig, werde ich auch Dinge rechtlich prüfen lassen, um für mich Klarheit zu erlangen. Ich möchte mich nicht weiter dem Dogma verschreiben, dass man gegen Dinge nichts machen kann, die von oben vorgegeben werden. Das ist für mich eine Ausrede, die ich nicht zählen lassen kann.

Dieses Ziel lässt sich natürlich nur erreichen, wenn ich bereit bin, selbst zu denken und Verantwortung zu übernehmen. Ich möchte natürlich für Frieden und Freiheit einstehen und die alten Dogmen, die uns unfrei machen, hinter mir lassen. Ich bin kein ideologischer Mensch, ich möchte nur in Ruhe mein Leben leben und mich nicht irgendwelchen willkürlichen Zwängen unterwerfen. Weder den eigenen noch denen anderer.

Ich spreche nicht von Regeln, denn die brauchen wir, um zusammenzuleben. Ich spreche von so wenig Staat wie nötig und so viel Freiheit wie möglich. Die Menschen sind dabei, sämtliche Freiheiten aufzugeben und sich der totalen Kontrolle zu unterwerfen. Wofür? Für eure Kinder oder für euren Wohlstand? Wenn wir nicht aufpassen, werden uns immer mehr Dinge genommen und so gestaltet, wie wir es gar nicht möchten. Wir alle sollten uns bei allen politischen Themen immer die Frage stellen, warum etwas passiert. Cui bono? Wem zum Vorteil? Diese Art des Hinterfragens ist uns in der Bequemlichkeit unseres Lebens im relativen Wohlstand leider verlorengegangen, denn die Ergebnisse, zu denen wir mit Fragen nach dem Warum gelangen würden, würden uns wohl aus unserer wohligen Trägheit reißen.

So möchte ich den letzten Satz für den Appell nutzen, dass es angesichts der sich überschlagenden Ereignisse der letzten Jahre Zeit wird, endlich zu kritisieren und im Einklang damit zu handeln. Sonst werden wir die Zeche zahlen.